ECOS DO SILÊNCIO

Blucher

ECOS DO SILÊNCIO

Reverberações do traumatismo sexual

Cassandra Pereira França

(*organizadora*)

Ecos do silêncio: reverberações do traumatismo sexual
© 2017 Cassandra Pereira França (organizadora)
Editora Edgard Blücher Ltda.

Capa: Filipe Everly

Blucher

Rua Pedroso Alvarenga, 1245, 4º andar
04531-934 – São Paulo – SP – Brasil
Tel.: 55 11 3078-5366
contato@blucher.com.br
www.blucher.com.br

Segundo o Novo Acordo Ortográfico, conforme
5. ed. do *Vocabulário Ortográfico da Língua
Portuguesa*, Academia Brasileira de Letras,
março de 2009.

É proibida a reprodução total ou parcial por
quaisquer meios sem autorização escrita da
editora.

Todos os direitos reservados pela Editora Edgard
Blücher Ltda.

Dados Internacionais de Catalogação
na Publicação (CIP)
Angélica Ilacqua CRB-8/7057

Ecos do silêncio: reverberações do traumatismo
sexual / organização de Cassandra Pereira França. –
São Paulo : Blucher, 2017.

248 p.

Bibliografia
ISBN 978-85-212-1239-3

1. Vítimas de abuso sexual 2. Crianças maltratadas sexualmente 3. Trauma psíquico 4. Psicanálise I. França, Cassandra Pereira.

17-1152   CDD 364.15554

Índice para catálogo sistemático:
1. Vítimas de abuso sexual

Flores envenenadas na jarra.
Roxas, azuis, encarnadas, atapetam o ar...
Nunca vi mais belas e mais perigosas.
É assim então o teu segredo.

(Clarice Lispector)

Agradecimentos

À Pró-Reitoria de Extensão (Proex) da Universidade Federal de Minas Gerais (UFMG) e ao Edital do Programa de Apoio à Extensão Universitária (Proext) 2015 – do Ministério da Educação (MEC) e da Secretaria de Educação Superior (SESu) – pelo apoio financeiro às pesquisas do Projeto CAVAS[1]/UFMG, convertido em várias ações: simpósios, cursos de capacitação técnica e a produção deste livro.

À Diretoria da Faculdade de Filosofia e Ciências Humanas (FAFICH) da UFMG, na pessoa do Dr. Orestes Diniz Neto, pela disponibilidade em nos ajudar prontamente nos impasses quanto à administração dos recursos financeiros para execução das várias etapas do Edital Proext 2015 – MEC/SESu.

Ao Programa de Pós-Graduação em Psicologia da UFMG, no qual estão sendo desenvolvidas as pesquisas de mestrado e doutorado relacionadas a problemáticas teóricas advindas da clínica do abuso sexual infantojuvenil. À Dra. Lívia de Oliveira Borges,

---

1 Crianças e Adolescentes Vítimas de Abuso Sexual.

agradecemos pela natural vocação como coordenadora, passando-nos sempre orientações seguras.

A Susana Toporosi, coordenadora de Saúde Mental da Adolescência do Hospital de Niños Ricardo Gutierrez (Buenos Aires), e Adriana Franco, coordenadora docente e acadêmica da Carrera de Especialización en Prevención y Assistencia Psicologica en Infancia y Niñez (pós-graduação da Faculdade de Psicologia da Universidade de Buenos Aires – UBA), pelo imprescindível empenho no estabelecimento do acordo internacional de parceria de pesquisas entre o Projeto CAVAS/UFMG e as pesquisas clínicas do programa UBACyt, da Secretaria de Ciência e Tecnologia da UBA.

Ao Departamento de Psicologia da UFMG, em especial às professoras Dra. Thaís Porlan e Dra. Marcela Mansur, por se disponibilizarem a atender, com presteza, às demandas burocráticas do projeto.

Ao Serviço de Psicologia Aplicada (SPA) da UFMG pela acolhida carinhosa dos nossos pacientes.

Aos colegas Geralda Luiza de Miranda, Eduardo Moreira da Silva e Kátia Simone Zacché, que, conosco, sonham encontrar caminhos que ampliem a capacitação técnica da rede de enfrentamento à violência sexual infantojuvenil de Belo Horizonte (MG).

Aos colegas do Laboratório de Grupos, Instituições e Redes Sociais (L@GIR), que apoiam integralmente as iniciativas do nosso projeto.

Aos alunos do curso de Psicologia da UFMG, sempre interessados em acompanhar os Seminários Clínicos e os Simpósios do Projeto CAVAS/UFMG.

A Filipe Everly pelo apoio como designer gráfico dos nossos eventos.

Aos supervisores, aos psicólogos e aos estagiários da equipe do Projeto CAVAS/UFMG, empenhados em colaborar e comprovar que a "psicanálise extramuros" é uma realidade possível e necessária no Brasil.

Por fim, reconhecemos que, sem o empenho ímpar de três técnicas do Projeto CAVAS/UFMG, não teria sido viável a execução do Edital Proext 2015 – MEC/SESu. Nossa gratidão e nosso respeito pelo profissionalismo de Rafaela Cristina Bittencourt Garcia, Thalita Magalhães Araújo e Isabella Ferraz Lacerda de Mello.

Conteúdo

Introdução   13
   Cassandra Pereira França

1. Do grito de silêncio à reconstrução subjetiva   21
   Cassandra Pereira França

2. Vida e morte da palavra   39
   Flávio Carvalho Ferraz

3. Trauma, silêncio e comunicação   63
   Eugênio Canesin Dal Molin

4. La imposibilidad de algunos niños de contar el abuso
durante el tratamiento psicológico   87
   Susana Toporosi

5. El modo de narrar el abuso sexual y la apropriación
subjetiva del cuerpo en la adolescencia   97
   Adriana Noemí Franco et al.

12 CONTEÚDO

6. O brincar e o indizível na clínica do abuso sexual infantil 117
Heitor Amâncio de Moraes Castro

7. Cuerpo a cuerpo con la madre: identificaciones narcisistas alienantes 141
Johanna Mendoza Talledo

8. Um excesso que não se vê: a erotização do corpo da criança pela mãe 153
Cassandra Pereira França
Danielle Pereira Matos
Gabriela Velocini Novais
Mariane de Paula Ramos

9. As palavras dos adultos sobre o abuso sexual: reverberações no psiquismo infantil 169
Anna Paula Njaime Mendes
Nívea de Fátima Gomes

10. Palavras por dizer: a enigmática devolução de crianças adotadas 183
Cassandra Pereira França
Rafaela Pazotto Verticchio

11. O tom surdo dos efeitos do desamor 197
Cassandra Pereira França

12. Traumatismo e testemunho: a vida secreta das palavras 217
Renata Udler Cromberg

Anexo: Produção acadêmica do Projeto CAVAS/UFMG 235

Introdução

Cassandra Pereira França

*Se considerarmos que, segundo as nossas experiências
e hipóteses atuais, a maioria dos choques patogênicos
remonta à infância, não pode causar surpresa ver o
paciente que tenta fornecer a gênese do seu mal cair
de súbito no pueril ou no infantil.*

(Ferenczi, 1931/2011b, p. 84)

A literatura é farta em nos mostrar o quanto o ambiente familiar é fecundo para a gênese e/ou a manutenção dos segredos de todas as espécies possíveis e imagináveis. Os silêncios de que trataremos neste livro ecoam segredos que continuam sendo velados tanto pelos sujeitos que sofreram traumatismos sexuais, quanto por suas famílias que, a todo custo, buscam manter sepultados os vestígios do passado. Se isso ocorre, é porque a dor da violação carece de representação, seja para aquele que a sofreu em seu próprio corpo, seja para aquele que, amando esse corpo, não suporta a dor. Pode também acontecer de essa vivência reabrir feridas experienciadas em tempos remotos, que foram encapsuladas e ficaram à margem das tópicas psíquicas, inacessíveis aos desígnios dos processos de recalcamento. No entanto, as evidências do abuso sexual no(a) filho(a), materializam uma realidade psíquica apartada do restante do fluxo mental, podendo abrir uma via de representação para o traumatismo. Isso mesmo, a violência pode ter acontecido muito cedo na vida de uma avó, de uma mãe, de um pai... o que nos coloca diante da difícil tarefa de questionar quais são as vicissitudes dos conteúdos passíveis de ser transmitidos entre gerações, e como se dá o processo de transmissão de uma experiência traumática. Bem sabemos que, para dimensionar os efeitos da precocidade do trauma, nunca é demais relembrar as palavras de Ferenczi:

> *Num quarto onde existe uma única vela, a mão colocada perto da fonte luminosa pode obscurecer a metade do quarto. O mesmo ocorre com a criança se, no começo de sua vida lhe for infligido um dano, ainda que mínimo – isso pode projetar uma sombra sobre toda a sua vida. (Ferenczi, 1931/2011a, p. 6)*

Se fôssemos ponderar que o casal parental mantém com a criança uma relação que carrega toda a marca daquela que eles tiveram com o seu próprio par parental e o meio social de cada um, isso mudaria o nosso julgamento de seus atos, estando esses vinculados a uma passividade extrema ou a uma atividade desmesurada? Talvez... mas isso pouco importa, pois, independentemente das causas que antecederam os fatos, o nosso grande desafio, enquanto psicanalistas, é acolher o sofrimento psíquico de uma criança, um adolescente ou um adulto e sua família e ajudá-los a dar um destino a isso.

Piera Aulagnier, uma autora da psicanálise francesa, ao tentar dar contorno a palavras que possam definir o termo mãe, mostra-nos que ele "se refere a alguém que tenha obtido uma repressão exitosa de sua própria sexualidade infantil, que sinta amor pela criança, que esteja de acordo com o que o discurso de sua cultura afirme ser a função materna" (citada por Trachtenberg et al., 2013, p. 29). Se estendermos essa definição para a função do adulto cuidador, vamos concluir que o campo em que trabalhamos está demarcado pela negatividade dela. Estamos escutando os efeitos psíquicos produzidos por alguém que não obteve uma repressão exitosa de sua própria sexualidade infantil, que não sentiu amor pela criança e que não está de acordo com o que a cultura afirma ser a sua função. Isso mesmo, nossas pesquisas estão situadas no campo do desamor, e o que nos cabe é apenas escutar, nos ecos do silêncio, o tom surdo desse desamor. É nesse sítio arqueológico que pisaremos. Embora encharcados da necessidade de historicizar o que se passou na família, onde foram definidas as primeiras séries de identificações dos nossos pacientes e as matrizes que modularam os rumos de sua vida afetiva, não ficaremos impunes: muitas vezes, seremos tomados pela sensação de agirmos como um arqueólogo que, em busca da historicização da cultura, profana um sítio arqueológico sagrado, completamente encoberto pela vegetação densa que esconde e protege o passado.

Em inúmeros casos clínicos, muitas vezes, sequer sabemos que, por detrás de um maciço bloqueio na capacidade de associar livremente e de uma inibição severa na capacidade de fantasiar, repousa, intrépida, uma infância devastada por traumatismos sexuais. Enredo que convocará o aparelho psíquico do analista a exercer uma função de suplência ao do paciente, tentando ajudá-lo a bordar traços e ligar fios para criar as representações de que carece. Uma tarefa mais lenta e solitária do que a que encontramos em outras análises, em que, geralmente, há uma parceria benfazeja em procurar os vestígios do que fundou o "infantil" do paciente. Uso aqui a palavra infantil reservando a ela o *stricto senso* que a psicanálise lhe dá: "um desenho, uma configuração que se baseia nos acontecimentos traumáticos, nas experiências que estabeleceram relações particularmente densas com o prazer ou com o desprazer" (Mezan, 1991, p. 69) e que nos autoriza a considerar que as vivências da infância, ao mesmo tempo que se inscrevem no psíquico, são suas fundantes.

> *Acaso a psicanálise não é, em seu próprio princípio, tanto na teoria como na prática, inteiramente movida pela crença, sempre confirmada, de que aquilo a que chamamos adulto, aliás com hesitação cada vez maior, é modelado de uma ponta a outra pelos desejos, traumas e fantasias da criança? (Pontalis, 1979, citado por Tanis, 1996, p. 6)*

Na psicanálise, a temática do infantil sempre esteve intimamente ligada à questão da memória, tanto é que desde os seus primórdios, na Carta 52, em que Freud expõe o seu modelo do aparelho psíquico, encontramos a seguinte afirmação: "Os registros mnêmicos de experiências infantis incapazes de tradução, que não têm acesso à consciência como tais, acabam originando as patologias neuróticas" (Freud, p. 208). Apesar de sabermos que essa teoria simplista da memória acabou ficando ultrapassada, ela relaciona elementos que são fundamentais na clínica do traumatismo sexual: registro mnêmico, experiência infantil, incapacidade de tradução e patologia. Tesouro encoberto pela densa floresta do silêncio, que serve de invólucro para preservar a cripta em que se instalou o traumatismo sexual, que poderá vir à luz do dia por meio da potencialidade transferencial: "o conceito de infantil, como tentamos trabalhá-lo, coloca-se como campo de ligação. Nele confluem a estrutura como campo de possibilidades definido a partir de uma história inscrita, e o tempo da história, recuperado a partir do não-tempo do inconsciente na transferência" (Tanis, 1996, p. 11).

Entretanto, na clínica do traumatismo, no lugar da entusiasta parceria presente na relação transferencial, muitas vezes nos deparamos apenas com a inércia e o desalento, que lembram os estados melancólicos e nos fazem pensar que, de algum modo, o paciente sabe que, como nos diz Uchitel (2001), "o acontecimento traumático não fecha, nem cicatriza" e que "para o trauma não há passado, só presente" (p. 26). Por isso mesmo, esperamos por alguma história, mas ela não vem, e tememos fazer intervenções que possam quebrar o frágil bibelô de porcelana que parece se postar diante dos nossos olhos. Afinal, o traumatismo "como ferida pouco perceptível, mas candente, fica propensa a se abrir diante de qualquer nova agressão externa que circunde ou atinja o foco pela associação" (Uchitel, 2001, p. 26). Sentimos os efeitos mortíferos do trauma sobre nossa função de analista, ora com sede de descobrir se existe algum enquadre que facilite a aproximação dos aspectos psíquicos aparentemente inacessíveis de determinado paciente, ora desinvestindo no processo analítico. Enquanto balançamos nessa gangorra entre momentos de onipotência clínica e outros de impotência, gestamos, pacientemente, níveis de aprofundamento teórico/técnico que nos permitam avançar no manejo técnico mais adequado para lidar com o silêncio que blinda o traumatismo sexual.[1]

---

1 Ao final deste volume, o leitor encontrará uma listagem da produção do Projeto CAVAS/UFMG, no período de 2005 a 2017: os seminários clínicos, os encontros regionais e latino-americanos, as dissertações de mestrado e as teses de doutorado que começam a ser escritas. Todos esses frutos da nossa reflexão têm sido partilhados (como material didático) nos cursos de capacitação que temos ministrado para técnicos que trabalham com a infância mais desprotegida socialmente.

O nosso consolo é o de sabermos que, quanto mais cedo começarmos a escuta e quanto mais jovem for o nosso paciente, maiores serão as chances de lhe oferecermos a oportunidade de dar sentido ao inacabado, de traduzir a significação das experiências traumáticas vivenciadas. Quando o paciente é uma criança, as tópicas psíquicas ainda não estão bem demarcadas e a censura não está operando de modo eficaz, e, após percorrido o período sabático de desconfiança do analista (que costuma durar alguns meses de atendimento), a própria técnica lúdica, que abre espaço para as projeções por meio das dramatizações, dos desenhos e jogos, permite o aparecimento dos inúmeros rastros das violências sofridas. A dificuldade de manejo técnico ficará reservada para o momento em que surgir, de modo cabal, a crueza das cenas de abuso sexual e o correspondente vazio de representações que a acompanha. Nesse exato momento é que o analista sentirá que a sua tarefa está um tanto quanto distante daquela para a qual a psicanálise o instrumentalizou: a de acompanhar movimentos psíquicos vinculados mais aos "ter/não ter" dos quadros neuróticos que a acompanhar as sensações de "existir/não existir" que ficam como herdeiras do traumatismo sexual.

Se o peso do silêncio paira mesmo quando paciente e analista sabem que a análise está ocorrendo porque algo que não deveria ter acontecido aconteceu, imaginem quando o analista de nada suspeita e o tempo cristalizou a imobilidade da vivência traumática? Então, as dificuldades de manejo técnico serão potencializadas e poderá ocorrer uma verdadeira surdez ao que é da ordem do inenarrável. É por isso mesmo que queremos convocar a atenção dos colegas analistas, principalmente a dos que atendem adultos, para afinarem seu diapasão e prestarem atenção nas diversas manifestações dos ecos do silêncio do "infantil", que, muitas vezes, se personificarão nas nesgas das fantasias que surgem da contratransferência, principalmente no que tange às reverberações do traumatismo sexual.

Ao ler este livro, espero que o leitor tenha em mente o jogo de funções analíticas em suas múltiplas configurações, a cuja escuta somos convidados, a partir da Conferência Análise de Crianças com Adultos, pronunciada por Ferenczi por ocasião do 75º aniversário do professor Freud, na Associação Psicanalítica de Viena, em 6 de maio de 1931. Gurfinkel (1995), em um gracioso jogo de palavras, de que gosto muito, ilustra a ideia ferencziana da ruptura que a psicanálise produz na noção de temporalidade, e apresenta o giro fundamental pelo qual passa a transmissão da técnica analítica: "Análise de crianças com adultos, análise da criança no adulto, adulto analista analisando crianças, adulto analista acolhendo a criança, criança ensinando adulto a brincar, analista criança podendo brincar, criança ensinando analista a analisar..." (Gurfinkel, 1995, p. 32).

Referências

Ferenczi, S. (2011a). Adaptação da família à criança. In *Psicanálise IV* (pp. 1-15). São Paulo: WMF Martins Fontes. (Trabalho original publicado em 1931).

Ferenczi, S. (2011b). Análise de crianças com adultos. In *Psicanálise IV* (pp. 79-95). São Paulo: WMF Martins Fontes. (Trabalho original publicado em 1931).

Gurfinkel, D. (1995). O infantil em Ferenczi e o problema da ingenuidade (parte I). *Revista Espaço Criança, I*(1). São Paulo: Instituto Sedes Sapientiae.

Mezan, R. (1991). A transferência em Freud: apontamentos para um debate. In A. Slavutsky (Org.), *Transferências* (pp. 47-77). São Paulo: Escuta.

Tanis, B. (1996). O infantil em psicanálise: atualidade clínica e teórica. *Revista Espaço Criança*, 2(1). São Paulo: Instituto Sedes Sapientiae.

Trachtenberg, A. R. C. et al. (2013). *Transgeracionalidade: de escravo a herdeiro: um destino entre gerações*. Porto Alegre: Sulina.

Uchitel, M. (2001). *Neurose traumática*. São Paulo: Casa do Psicólogo. (Coleção Clínica Psicanalítica).

1. Do grito de silêncio à reconstrução subjetiva

Cassandra Pereira França

> *Há uma palavra que pertence a um*
> *reino que me deixa muda de horror...*
> *Há quanto tempo eu de medo a escondo que esqueci*
> *que a desconheço, e dela fiz o meu segredo mortal.*

> (Clarice Lispector)

A ética é o solo comum entre todos os campos profissionais que lidam com a tristeza da negligência, do descaso e da violência com as crianças. No entanto, há uma diferença primordial que marca o horizonte do campo terapêutico: na clínica, o que buscamos é a verdade contida na realidade psíquica do paciente, cujo caminho é traçado por seu discurso, independentemente da forma como se manifesta, seja por meio da palavra plena, dos desenhos, das brincadeiras, ou até mesmo do silêncio. Diante do tempo sem palavras, a escuta analítica poderá tecer uma rede que permita dar contornos ao ainda não dito. Assim, ao processo terapêutico caberá, inicialmente, assistir ao inconsciente pulsando por manifestar-se, e ao ego fazendo malabarismos para evitar isso. Enquanto isso, apenas acolhemos a angústia do paciente até fazê-la tolerável e funcional ao trabalho que precisa ser feito, qual seja, o de colocar a palavra em circulação para que as inibições e os sintomas sejam desemaranhados.

Nos casos de abuso sexual, a tarefa analítica deparará com várias armadilhas: ora é a criança que custa a criar confiança no analista, ora é a família ou a Justiça exigindo laudos que atestem o que ainda não vimos. Isso tudo sem falar das dificuldades intrínsecas ao próprio tratamento, como esboçar um diagnóstico do encaminhamento psíquico da criança, uma vez que o abuso sexual gravou suas digitais não em uma tábula rasa, e sim em uma psique em formação, cujo desenvolvimento psicossexual foi atropelado pela sexualidade adulta – configuração que se agrava ainda mais quando, no abuso, esteve envolvido algum integrante (ou substituto) da fantasmática edípica.

As cifras do estrago advindo desses tormentos na infância poderão ser contabilizadas na clínica de mulheres adultas "que permanecem 'escravas' do trauma padecido na infância ou adolescência, e também 'escravas' do silêncio autoimposto no momento do abuso" (Alkolombre, 2013, p. 74). Ao longo desses processos analíticos, é possível acompanhar como essas mulheres, desde a ocorrência do abuso na infância, nunca mais deixaram de ser invadidas pela vergonha de terem sido capturadas na cena de sedução da inevitável fantasmática edípica. Teria sido essa captura acompanhada de um gozo naquela cena? Infelizmente sim, mas a criança em hipótese alguma sabe que não é a vítima que goza nessas situações, e sim a pulsão! E que, nesse gozo pulsional, o sujeito está longe de um processo prazeroso. É exatamente desse ponto que devemos começar o processo terapêutico, tentando estabelecer os caminhos por onde a perversão adulta atropelou o desenvolvimento psicossexual da criança. Mas, independentemente de quais tenham sido as bifurcações seguidas, o certo é que tais vivências fazem da criança abusada um cartucho repleto de culpas que pode implodir a qualquer momento. Assim, somente "destripando a culpa, é que vamos tirar de suas entranhas putrefatas a possibilidade de reconciliação da criança consigo mesma" (Garaventa, 2013, p. 51). Esse é o caminho inicial para que a criança deixe de ser abusada, agora, por si mesma.

A lembrança traumática constitui um grande paradoxo, pois, em verdade, não é bem uma lembrança, uma vez que o traumatismo não é disponível para o pensamento. Aliás, o pensamento é que fica capturado à disposição do traumatismo, como nos dizia Bleichmar. Essa autora, cujas ideias muito nos ajudam a entender como podemos tentar fazer a inclusão do traumatismo nas séries psíquicas, assim descreve o que se passou:

> o acontecimento vem e se incrusta em mim, e aparece permanentemente em minha mente, não como uma evocação, mas como algo que vem e me invade, como um estímulo externo; como um estímulo externo que eu não recupero, mas pelo qual sou capturado. Não termina de constituir-se no sentido da marca mnésica como algo ligável, organizável, mas é somente algo que pode ser evacuado, por isso reaparece, reaparece e insiste dessa maneira. (Bleichmar, 2010, p. 60)

Partindo do fato de que "no traumatismo, a coisa em si mesma é sempre o estranho, o alheio, o perturbante, o não recoberto, não representável, só expulsável", Bleichmar relembra nesse texto que acabamos de citar que, segundo enfatizava Laplanche, em vez de dizermos que ocorreu uma *fixação ao trauma*, devemos sempre chamar tal fenômeno de *fixação do trauma*, pois não é o sujeito que está fixado ao trauma, mas o trauma que está nele enquistado. E é exatamente isto que marca a passividade que tem o sujeito diante da compulsão à repetição; é o trauma o que o leva a atuar, e não é o sujeito que determina o trauma.[1]

Mas voltemos ao nosso ponto principal: como fazer para incluir o traumatismo nas séries psíquicas? Ao sugerir que o traumatismo é algo que se enquista no aparato, como si mesmo, sem lugar no psiquismo e, portanto, não simbolizável, Bleichmar faz um paralelo entre o traumatismo e os elementos beta, da teoria de Bion (1962/1994), que são fatos não digeridos (não são recordações, não podem ser enlaçados no psiquismo) e, por isso mesmo, precisam da função alfa, que é a função de simbolização no esquema teórico desse autor. A capacidade de *réverie* é a função alfa da mãe: sua capacidade de ligar, de conter, estruturar e organizar os elementos. A criança projeta elementos beta e a mãe devolve elementos alfa. Os elementos alfa dependem da função alfa, pois são essenciais para o pensamento e o raciocínio consciente e para relegar ao inconsciente aqueles elementos que precisam ser liberados da consciência. Isso que a mãe faz com a criança é, exatamente, o que o analista precisa fazer com seus clientes, no caso que ora estudamos, precisa fazer

---

1 Desencadeado por esta característica do evento traumático, surge mais um flagelo na vida dessas crianças que foram retiradas pela Justiça das famílias incestuosas e aguardam em abrigos por uma família que queira adotá-las. Além das dificuldades habituais nesses processos de adoção, causadas principalmente pelas fantasias de que essas crianças foram "estragadas" por tudo que passaram, os assistentes sociais enfrentarão um desafio enorme para encontrar um novo lar para elas, pois, para o desespero de todos, elas repetem compulsivamente com os pais adotivos os jogos eróticos a que foram submetidas – situação que leva muitas famílias a devolverem a criança ao Estado. Infelizmente, por mais que saibam o motivo pelo qual foram devolvidas à instituição, elas não conseguem deter a força da compulsão à repetição, e apresentam a mesma conduta com a próxima família adotante.

com as crianças e, muitas vezes, com suas próprias mães: recolher aquilo que chega como angústia, como elementos não estruturados (beta), e devolvê-lo de forma simbolizada, estruturada. Afinal, interpretar é também re-transformar elementos traumáticos em simbolizações – o que só pode ser realizado através da palavra.

Mas como nós, analistas, poderíamos definir uma estratégia de manejo técnico para lidar com os casos que envolvem processos traumáticos? Estamos habituados a trabalhar no desmanche das defesas psíquicas, porém, o que fazer quando elas já se romperam espontaneamente? Teçamos, então, algumas considerações sobre as desarticulações do traumatismo a partir do acompanhamento de um caso clínico muito interessante, apresentado em um simpósio da Fundación San Javier[2] por uma psicanalista argentina, Marcela Rotsztein.[3] Apresentaremos a seguir uma compilação dos dados fornecidos pela autora, que não apenas ilustram a nossa argumentação de que a criança abusada sexualmente se transforma na mais fiel guardiã do pacto de segredo perverso, como também nos permitem tecer algumas considerações sobre o manejo da técnica psicanalítica infantil.

A boca de Lara

Nas entrevistas iniciais que a psicanalista realizou com os pais, eles lhe contaram que haviam procurado ajuda terapêutica porque

---

2 A Fundación San Javier para el Desarrollo Integral de Ninõs y Jóvenes tem sua sede em Buenos Aires (Argentina) e cuida daqueles sujeitos que se encontram em situação de risco social, desenvolvendo projetos orientados para a proteção e desenvolvimento social, psíquico e cultural.

3 Material clínico publicado em 2013 sob o título "La boca de Lara", compondo um dos capítulos do livro *Abuso sexual infantil: la palavra arrebatada* (Buenos Aires: Fundación San Javier).

estavam convivendo com algo muito enigmático, um estranho sintoma apresentado pela filha havia alguns meses: ela fazia uma careta esdrúxula, repentinamente, abrindo a boca como se fosse gritar, porém permanecendo completamente muda. Em sua pequenez, a garota de apenas 5 anos de idade, filha única do casal, era pega de surpresa por essa careta, que fugia ao seu controle e a deixava muito assustada. Imaginando a cena descrita, a psicanalista não tardou em assisti-la pessoalmente, pois, logo na primeira entrevista, quando perguntou a Lara se sabia por que seus pais tinham ido vê-la, a garota abriu desmesuradamente a própria boca. O efeito da cena sobre a analista foi descrito pelas seguintes palavras: "É impactante o temor e o desamparo que transmite seu semblante. Ainda que pareça que vai gritar, permanece em silêncio". Em poucos segundos a garota fechou a boca e, de modo assustado, disse: "Quando abro a boca, tenho medo de ir para o inferno".

A analista retomou essa fala e lhe perguntou por que pensava dessa maneira. A garota, então, explicou que uma coleguinha sua também foi à psicóloga, logo depois que seus pais se separaram, acrescentando: "As freiras queriam mandá-la embora porque divórcio é pecado, e os que pecam vão para o inferno!". Questionada se pensava que "abrir a boca" era pecado, ela respondeu em voz baixa: "A psicóloga dela não dizia a ninguém o que ela lhe contava". Vemos que, nesse momento, a garota queria firmar um pacto de segredo e pensamos que bastaria à psicóloga responder que ela não sabia em quem confiar, e que somente deveria dar essa resposta quando nela confiasse. No entanto, a psicóloga deu uma resposta que, para nossa surpresa, surtiu um resultado efetivo: "Para que eu possa ajudá-la, tem de confiar em mim e contar-me tudo, mesmo as coisas que não diz a ninguém mais". A garota ainda questionou: "Tenho de contar-lhe tudo?". E recebeu a explicação de que deveria, sim, contar tudo, à sua maneira: não só falando, mas também brincando ou desenhando. Apesar de julgarmos que a profissional tenha sido impositiva ao expressar que a verdade precisava ser revelada, logo a seguir ela se disponibilizou a outro pacto: o de dar atenção às produções da garota, explicando que os psicólogos estudam para entender o que os pacientes dizem através de seus desenhos e brincadeiras, acrescentando uma recomendação preciosa: "Se em algum momento eu me enganar, você pode me corrigir". Essas passagens mostram bem a diversidade de estilos clínicos e como cada um deles não invalida o outro, mas o enriquece. De fato, bem sabemos que as palavras podem ser, a princípio, vazias de sentido, assim como os desenhos. Contudo, se nos interessamos tanto em dar continência mesmo ao vazio que portam, é porque sabemos que crianças não "brincam" de fazer análise, elas levam muito a sério a proposta analítica e, assim que possível, liberam o fluxo associativo.

Lara optou por brincar com alguns bonecos Playmobil à disposição na sala lúdica, propondo: "Brincamos de família? Gosto de brincar de família porque todos se querem e se cuidam". Enquanto se distraía com os bonecos, a campainha tocou, e ela, sobressaltada, guardou tudo rapidamente, ordenando à psicóloga: "Também não conte do que brincamos!". Depois de ouvir que nada seria dito à sua mãe, a garota lhe deu um beijo e saiu. Na sala, permaneceu a profissional, atônita, sem conseguir deixar de pensar na boca de Lara, no medo e no desamparo que pôde ver em seus olhos enquanto a menina gritava em silêncio. O que não poderia ser dito? Por qual razão? Por que era preciso tanta recomendação para que a psicóloga não revelasse nada a ninguém? Por que temia ir ao inferno quando abria a boca? Tantas questões comprovam a máxima freudiana exposta nas conferências introdutórias sobre psicanálise, tanto na Conferência XVII (O sentido dos sintomas) quanto na Conferência XVIII (Fixação em traumas – O inconsciente), de que "jamais se constroem sintomas a partir de processos conscientes" (Freud, 1916-1917/1996b, p. 330).

Remexendo na história significante

Na entrevista seguinte com os pais, a psicóloga colocou-os para pensar na história do sintoma, em que ocasião havia surgido, em quais circunstâncias reaparecia. Eles então contaram que a primeira vez em que a viram fazer a tal careta foi quando lhe deram a notícia de que seu avô materno havia falecido. Ela não quis escutar mais nada e saiu correndo, chorando, para o seu quarto. Nunca mais voltou a falar dele e se angustiava muito se o mencionassem.

Um vínculo forte com esse avô havia começado quando ele enviuvou e foi morar na mesma cidade deles, passando então a buscá-la na escola, e levá-la para sua casa, onde a garota ficava até que os pais voltassem do trabalho. Ele lhe dava muitos presentes e permitia que ela fizesse tudo o que queria. A princípio, Lara parecia estar encantada com a nova relação que tinha com o avô, mas alguns meses depois "cismou", conforme disse sua mãe, que não queria mais voltar a vê-lo. Perguntaram-lhe mil vezes se alguma coisa havia acontecido, porém ela não quis dar nenhuma explicação. Quando chamaram o avô para averiguar o que havia acontecido, ele se surpreendeu muito e disse não fazer a menor ideia do que podia ser. Mas ficou muito mal quando lhe disseram que, pelo menos por um tempo, não fosse mais buscar a garota na escola. Dois dias depois disso, foi encontrado afogado na banheira de sua casa.

Essa história que acaba de ser narrada traz, em seu bojo, alguns aspectos sinistros: por que teria a menina tomado a decisão de nunca mais ver o avô? Teria ele feito alguma coisa que a desagradou? Por que ele teve uma reação tão forte diante da recusa da neta em vê-lo e da decisão de que não mais a buscaria na escola? A ausência de respostas a essas questões tão intrigantes pairaram sobre a análise por vários meses... tempo em que a garota dramatizava, repetidamente, os mesmos esquetes: uma família composta por mamãe, papai, filha e empregada, e que recebia visitas dos tios, dos primos paternos e até mesmo das colegas do jardim de infância e das freiras (que falavam todo o tempo de pecados). Em todas as encenações, havia segredos que não podiam ser revelados. Lara recomendava aos bonecos: "As coisas que acontecem na família não se pode contar. Tem de guardar segredo, porque senão vai para o inferno". Quando a mãe tocava a campainha para buscá-la, Lara ficava sempre sobressaltada. Interrompia, imediatamente, o que estava fazendo e guardava tudo como se não quisesse deixar rastros de sua produção. Antes de ir embora, sempre recomendava à analista: "Não vá contar a ninguém o que fizemos!". Recomendação que nos remete a uma dúvida que poderia ser reformulada mentalmente pela analista da seguinte maneira: o que fizemos agora, ou o que fizemos em família?

Essas encenações repetitivas de Lara, durante os primeiros meses de análise, lembram-nos das palavras de Freud:

> *As neuroses traumáticas dão uma indicação precisa de que em sua raiz se situa uma fixação no momento do acidente traumático.... É como se esses pacientes não tivessem findado com a situação traumática, como se ainda estivessem enfrentando-a como tarefa imediata ainda não executada... o que mostra-nos o aspecto econômico dos processos mentais. (Freud, 1916-1917/1996b, p. 325)*

Estamos, nesse ponto da análise de Lara, em condições de considerar seriamente a possibilidade de que, por trás do seu sintoma, jazia um processo traumático, exatamente nos moldes definidos por Freud como um processo que, em um breve espaço de tempo, provoca um excesso de estímulo "excessivamente poderoso para ser manejado ou elaborado de maneira normal, e isto só pode resultar em perturbações permanentes da forma em que essa energia opera" (Freud, 1916-1917/1996b, p. 325). A analista, ainda intrigada com a história narrada pelos pais, não se conformava com o fato de nunca aparecerem figuras de avôs e avós nas tramas familiares que Lara construía. Mesmo convivendo bastante com os avós paternos, a garota sequer tocava nos bonecos de cabelos brancos que a psicóloga fazia questão de deixar à vista, numa tentativa de observar se ela os incluiria nas brincadeiras. Todavia, a invisibilidade desses bonecos, aos olhos de Lara, mostra-nos que eles ainda não podiam aparecer em cena e que de nada adianta tentar induzir ou precipitar associações. Não é possível que o segredo tome atalhos para se fazer revelar, ele tem o seu tempo, é preciso saber esperar.

O grito irrompe das entranhas

Durante todo o período inicial do tratamento, as caretas não apareceram nas sessões. Em compensação, tanto na escola como em casa, elas estavam presentes como nunca! Essa era uma prova inequívoca de que o campo do *setting* analítico havia se transformado em um ambiente seguro, onde a repressão reinava – situação que também ilustrava a bipartição da tópica psíquica, provando, como nos dizia Bleichmar, que o recalque já estava instalado no aparelho psíquico dessa menina. Embora o período de bonança estivesse perdurando muito, um dia, algo mudou: a terapeuta foi convocada a participar das brincadeiras e a se encarregar dos bonecos que representavam seus primos. Ela cuidava da menina e da amiga, que se escondiam para que os primos as procurassem. A brincadeira feita "às escondidas", em um esconderijo difícil de ser encontrado, introduzia uma temática de cunho erótico que teria seus desdobramentos. Na sessão seguinte, a amiga e os primos desapareceram, e a terapeuta foi encarregada do resgate: "Tem de procurar a Lara!" – ordem seguida de pistas a princípio confusas, porém, gradativamente, cada vez mais precisas. Esse papel projetivo, de atribuir à terapeuta a função de encontrar quem está desaparecido, acabou fomentando a antiga ânsia analítica em desvelar os assuntos enigmáticos, tanto é que, após algumas semanas em que essa brincadeira se repetia sem nenhuma alteração, a analista cometeu um *acting in*: com o pretexto de estar procurando a bonequinha Lara, pegou na caixa um dos bonecos de cabelos brancos e disse: "Olha... Encontrei o avô!".

Lara levantou os olhos e, aterrorizada, olhou o boneco. Abriu a boca e deu um grito tão agudo e penetrante que pareceu durar uma eternidade. A terapeuta teve medo de ter se equivocado, ficou muito angustiada. Depois de intermináveis segundos, o grito se deteve, e a criança, ainda assustada, começou a chorar, dizendo: "Eu não queria que meu avô morresse... Eu lhe dizia para não tocar o buraco do meu bumbum, porque é pecado, mas nunca contei a ninguém o que ele fazia... Tenho medo de ir para o inferno... Quando souber, minha mãe vai zangar comigo e as freiras vão me mandar embora do jardim".

Diante da angústia em que Lara se encontrava, a terapeuta tentou tranquilizá-la, dizendo: "Que bom que pode começar a contar-me as coisas que seu avô fazia... Não tenha medo, porque você não fez nada mau... Não cometeu nenhum pecado e não vai para o inferno... Estou certa de que sua mamãe não vai se zangar e lhe prometo que as freiras não vão mandá-la embora da escola...".

Sem deixar de chorar, Lara sentou-se no colo da terapeuta e, apoiando a cabeça no ombro dela, abraçou-a com força. A terapeuta acolheu o abraço, fez um carinho suave e, em voz baixa, disse a ela: "Já passou... Vai ver que está tudo bem... Não tenha medo... Você não fez nada mau... Já passou". A menina foi se tranquilizando, until que adormeceu. Quando sua mãe tocou a campainha, Lara, pela primeira vez, não ficou sobressaltada, evidenciando que não mais precisava temer que a repressão se quebrasse, agora bastava recolher os cacos. Assim, apenas guardou os bonecos e pediu à terapeuta que não contasse a ninguém o que ela havia dito. A terapeuta perguntou se queria vir no dia seguinte, ela concordou com a cabeça, deu um abraço e saiu.

Façamos alguns comentários sobre essa arriscada manobra da psicóloga, suscitada pelo não dito da garota: "Tem de procurar o avô!". Ao anunciar que encontrara o morto/vivo, a analista apresentou à consciência de Lara um importante elemento da formação de compromisso que sustentava aquele sinistro sintoma, e que condensava o conflito psíquico: a vontade de gritar e contar o que se passou, e a proibição internalizada de soltar a voz. Todavia, além desses sentidos desvendados, o tal cacoete condensava algo ainda maior: o susto, o horror diante da morte! Colocada no dossiê dos seus pecados, a reação catártica mostrava a intensidade da culpa que ela sentia pelo desfecho da história: a família desfeita (divorciada). Ou seja, apesar de todo seu temor do inferno, ela havia cometido vários pecados: deixado o avô tocar no seu bumbum, não contado nada a ninguém e provocado a morte dele.

Vimos, portanto, como Lara havia se tornado um cartucho de culpas, pois nas crianças a palavra convoca à ação, e pela regressão confundem pensamento com ato. Podemos deduzir que, provavelmente, Lara pensou que seria muito bom que o avô sumisse, e que ela não mais tivesse de se haver com aquela problemática tão angustiante. No entanto, no pensamento mágico de uma criança de 5 anos, pensar na possibilidade de sumiço, de morte é correr o risco de que isso se converta em realidade. Embora não tivesse aceitado, na época, ouvir mais nada sobre o assunto, com certeza ouviu os rumores que reabriam as dúvidas da família: teria sido uma morte natural ou provocada? Agora podemos entender a trama das fantasias que, talvez, de modo muito indireto, despertavam nela a responsabilidade pelos acontecimentos. Afinal, foi o fato de ela ter se negado a continuar encontrando com o avô que provocou a mudança de rumo nessa história, podendo, inclusive, ter implantado dúvidas na cabeça dele: teria a neta quebrado o pacto de segredo? Estariam acreditando nela e desconfiando dele? Teria o avô ficado invadido de culpa e vergonha e se matado?

Enfim, todas essas hipóteses sobre traição ao ideal de família, em que "todos se querem e se cuidam", como ela havia anunciado no primeiro encontro com a analista, podem até ser consideradas muito sofisticadas para a cabecinha de uma criança de 5 anos, mas temos de nos lembrar que, nessa idade, a família é o único entorno existente no universo da criança. Bem, mas o que precisamos mesmo é verificar quais foram os efeitos desse episódio de catarse na construção subjetiva dessa criança. Sabemos, pela história da psicanálise, que a catarse em si mesma não produz uma resolução do sintoma, apenas provoca um alívio da pressão dos afetos angustiantes – pois não basta uma lembrança emergir na consciência se o sujeito não reconhece aquele material estranho, desconectado de uma rede de significações psíquicas. Foi exatamente por isso que a técnica da hipnose acabou sendo dispensada do método analítico.

Em 1917, quando a teoria freudiana já estava mais "madura" (lembremos que foi nessa época que se deu o giro de 1920), Freud deixou muito claro que a técnica para a resolução do traumático não pode ser jamais a ab-reação catártica do traumatismo (aquela preconizada em 1894), pois ela não basta para resolver a ação automática que os pacientes repetem, sem possibilidade de variação. É preciso ir além desse ponto, retirar o excesso de *Unheimlich*, reconectar as representações afetivas às representações ideativas. Naquele momento, já era possível a Freud preconizar a necessidade de desligar as cargas psíquicas da fixação, a fim de que possa haver a inclusão do traumatismo nas séries psíquicas.

Portanto, na análise de Lara, será a partir desse momento, em que o traumático é colocado em palavras, que começará um processo de elaboração, ou melhor, de perlaboração, pois ela precisaria da companhia da analista, da sua escuta atenta e continente. Somente assim ela poderia tentar conectar aqueles conteúdos ideativos, encapsulados, a uma série psíquica que tivesse o mesmo destino de tantas outras representações conflituosas: sofrer os desígnios do processo de recalcamento.

Tempos de perlaboração

O fato de não mais haver risco de Lara continuar sendo abusada sexualmente permitiu à analista respeitar os tempos de revelação do segredo e, na época, nada dizer a seus pais.[4] Apenas aumentou o número de sessões, para que a paciente pudesse ter espaço para trabalhar aqueles conteúdos tão penosos e que tinham encontrado uma chance de se vincular às representações-palavras. Assim, ao longo de um extenso ciclo de sessões, a compulsão à repetição cumpriu sua missão: fazer o sujeito repetir, incansavelmente, os mesmos roteiros, em busca de uma significação capaz de transformar a vivência traumática.

O roteiro da dramatização que subia ao palco a cada sessão era então o seguinte: um avô bom que pegava a neta no colégio, dizia

---

4 Esta é uma diferença significativa que percebemos na atuação dos profissionais argentinos com esses casos: eles são muito mais preocupados com a realidade factual do abuso e muito mais implicados com a punição dos abusadores que os profissionais brasileiros. Talvez isso se deva à história cultural do país, também marcada a ferro e fogo pela ditadura dos perversos, mas que no caso da Argentina levou a um maior engajamento político.

que lhe queria mais do que a todos no mundo, enchia a neta de presentes e de guloseimas. Depois virava mau e queria tocar-lhe o bumbum. Quando a campainha soava, anunciando a chegada da mãe no consultório, o boneco/avô ameaçava que, se ela contasse a alguém o segredo deles, ia para o inferno, pois sua mãe não ia acreditar nela, e as freiras a expulsariam do colégio. Durante essas cenas repetitivas, a analista tentava encorajar a boneca/Lara, assegurando-lhe que não iria para o inferno, porque não havia feito nada de mal, e que, se contasse aos pais, eles acreditariam nela e não ficariam zangados. Eles a protegeriam e nunca mais o avô lhe tocaria o "bumbum". Nesse momento, Lara fazia a careta habitual, abrindo a boca como se fosse gritar, mas permanecendo em silêncio. Essa repetição que caracteriza o sintoma é o que podemos considerar como um chamado à busca de sentido, cabendo ao analista tentar desatar as simbolizações "falsas ou ilegítimas" e organizar novas formas de significação que possam romper a compulsão à repetição. Entretanto, a única maneira de operar sobre as representações é através da linguagem, e a interpretação é o elemento que temos à nossa disposição para transformar as redes de representações que produzem a formação sintomatológica. Assim, quando a analista afirmava para Lara que ela não havia feito nada de mal, reorganizava as redes de representações e, desse modo, a posição do afeto podia variar: o afeto desqualificado (a angústia) podia se transformar em sentimentos de amor, ódio ou medo.

Entrementes, o trabalho de perlaboração precisava ainda reatar a conexão do afeto à representação correta (originalmente reprimida), e foi justamente esse movimento que passamos a ver nesse caso clínico, pois a boneca/Lara não parecia mais ter medo do avô e começou a enfrentá-lo: "Não vai tocar o bumbum, seu malvado!". E quando a campainha tocava, anunciando a chegada da mãe, Lara passou então a tampar a boca do boneco/avô, enquanto tentava convencer a boneca a contar ao papai e à mamãe o que o avô lhe fazia. Dizia à bonequinha: "Não tenha medo, eles não vão se zangar com você, e nem vão castigá-la!". Vemos, portanto, que ela estava começando a vislumbrar outras possibilidades de reação à intromissão violenta dos atos sexuais do avô em seu corpo e em seu psiquismo. Mesmo assim, a boneca/neta continuava assustada, e jurava ao avô não contar o segredo deles.

O exercício da possibilidade de tapar a boca do avô e abrir a sua para dizer "não" às investidas dele fez com que essa garota pudesse se apropriar do seu desejo e de sua potência, desarmando, assim, o sintoma instalado. Poucas semanas depois, a mãe ligou para contar que estavam contentes porque, havia vários dias, Lara não mais fazia a tal careta. A partir de então, estavam postas em circulação outras possibilidades existenciais que não a obrigatoriedade de postar-se numa passividade radical diante da invasão de um adulto perverso. Não havia mais necessidade daquela fixação à boca/oca que tanto nos lembra o mais famoso dos mil quadros pintados pelo norueguês Edvard Munch em Paris e que pode ser uma analogia perfeita para o que sente uma criança que é abusada sexualmente por um adulto/cuidador. A expressão facial da figura humana na pintura do quadro *O grito* (1893) condensa tanto a angústia pessoal do pintor (a negatividade de suas emoções) quanto a dramática solidão que a todos ronda, e que reapresenta o desamparo primordial do ser humano ante um mundo que não responde a seus desejos e a suas necessidades.

É certo que, mesmo o traumatismo sendo conectado às séries psíquicas, ainda na infância, não deixará de determinar vias de ligação diretas com as fantasias originárias (que ocupam a cabeça de todas as crianças) e que buscam criar "teorias" explicativas para o enigma das origens. Assim, a realidade traumática da história vivida por Lara se imiscuiria às suas fantasias originárias: a fantasia da "cena primária" seria afetada pelo fato de ela ter tido intimidades corporais com o avô, e sua mãe ter sido a terceira excluída, deixada de fora da cena. A "cena de sedução" (que busca explicar a origem da sexualidade) seria atravessada pelo discurso do avô que dizia gostar mais dela do que de qualquer outra pessoa, fazendo com que Lara se sentisse a predileta na rivalidade edipiana; e as fantasias relativas à "cena da castração" seriam ainda mais fustigadas pelos temores de ser expulsa da escola e ir para o inferno. É por todas essas imbricações que essa análise ainda teria de se desenrolar por um bom tempo.

Necessário se faz colocar aqui um ponto-final para essa narrativa. Contaremos apenas que, na sessão que se seguiu, Lara começou a repetir a mesma história, mas, quando o boneco/avô quis tocar o "bumbum" da boneca/neta, esta não deixou e, aos gritos, chamou os bonecos papai e mamãe para que viessem ajudá-la. Os bonecos vieram correndo e a bonequinha lhes disse: "Não quero mais ver o vovô, porque ele é mau e me toca o bumbum". Após fazer esse enunciado, Lara olhou bem no fundo dos olhos da analista e lhe perguntou: "Você pode dizer à minha mamãe que eu não queria que ele morresse?". Posso sim, responderíamos. Posso dizer também, com Martin Luther King, que nós, adultos, não devemos nos preocupar apenas com o grito dos corruptos, dos violentos, dos desonestos, dos sem caráter, dos sem ética... devemos, sobretudo, nos preocupar com o silêncio dos bons.

Referências

Alkolombre, P. (2013). Violencia y abuso em la infancia: su incidencia en la construcción de la subjetividad. In A. Díaz (Org.), *Abuso sexual infantil: la palabra arrebatada* (pp. 73-78). Buenos Aires: Fundación San Javier.

Bion, W. (1994). *Estudos psicanalíticos revisados* (3a ed.). Rio de Janeiro: Imago. (Trabalho original publicado em 1962).

Bleichmar, S. (2010). *Psicoanálisis estramuros: puesta a prueba frente a lo traumático*. Buenos Aires: Editorial Entreideas.

Freud, S. (1996a). Conferência XVII. O sentido dos sintomas. In S. Freud, *Edição standard brasileira das obras completas de Sigmund Freud* (Vol. 16, pp. 265-279). Rio de Janeiro: Imago. (Trabalho original publicado em 1916-1917).

Freud, S. (1996b). Conferência XVIII: Fixação em traumas – O inconsciente. In S. Freud, *Edição standard brasileira das obras completas de Sigmund Freud* (Vol. 16, pp. 281-292). Rio de Janeiro: Imago. (Trabalho original publicado em 1916-1917).

Garaventa, J. (2013). Lo que no te mata te devasta. Abusos sexuales em la niñez. In A. Díaz (Org.), *Abuso sexual infantil: la palabra arrebatada* (pp. 47-52). Buenos Aires: Fundación San Javier.

Lispector, C. (1999). *Para não esquecer*. Rio de Janeiro: Rocco. (Trabalho original publicado em 1964).

Rotsztein, M. (2013). La boca de Lara. In A. Díaz (Org.), *Abuso sexual infantil: la palabra arrebatada* (pp. 179-185). Buenos Aires: Fundación San Javier.

2. Vida e morte da palavra[1]

Flávio Carvalho Ferraz

Para falar sobre "vida e morte" da palavra, convém começar por situar as condições de possibilidade tanto de uma como de outra vicissitude. Como é possível dizer que uma palavra está "viva"? Por que meios se a anima? Como se pode diagnosticar sua morte? Ou ainda, indo mais longe, como postular o seu "assassinato"? De que ela morre?

Para que sejam minimamente esclarecidas – ao menos no nosso âmbito –, essas questões nos colocarão em um campo de intersecção entre a psicanálise e a filosofia da linguagem. Porque não se trata aqui da palavra esgotada em si mesma, como elemento de uma língua, mas da palavra *proferida por um sujeito singular*. É por esse viés que a psicanálise pode dar alguma contribuição para a filosofia da linguagem,[2] uma vez que faz um recorte específico do

---

1 Publicado originalmente na revista *Ide, 37*(59), 15-31, 2015.

2 Considero que a psicanálise pode dialogar com a filosofia da linguagem dentro das diversas tradições desta última. O problema da significação e seus desdobramentos, tratados na psicanálise a partir do exame dos atos falhos ou da interpretação referida à polissemia das palavras, aporta questões para a vertente da filosofia da linguagem mais preocupada com os problemas da semântica

40 VIDA E MORTE DA PALAVRA

problema, pelo prisma da fala na situação muito particular que é o *setting* analítico. Nessa situação, a palavra é proferida *sob transferência* e emoldurada pelo contrato da associação livre, o que potencializa uma de suas dimensões, qual seja, a de comportar, quando pronunciada, mais do que aquilo que o sujeito falante *sabe*, de si e do que fala. Isso é o que ocorre, de maneira exemplar, no ato falho e no chiste, quando o desejo se insinua de maneira a surpreender.

O filósofo Ernst Cassirer (1923/2001) se refere ao que aqui chamo de animação pelo "sopro" com outro termo metafórico: "milagre". Com essa palavra ele designa o processo pelo qual uma "simples matéria sensível", que no nosso caso pode ser a palavra como elemento sonoro, "adquire uma vida espiritual nova e multiforme" (p. 43).

A ideia de *palavra viva* – algo em si mesmo já nomeado por meio de uma metáfora – remete à postulação de Freud (1894/1980a) de uma representação imantada por um *quantum* de afeto, tal como, comparava ele, um campo elétrico se cria em torno de um corpo. No caso da palavra, seu revestimento pelo afeto corresponde a uma espécie de "sopro" de vida que responde por sua animação, de modo similar ao que se passa com os traços mnêmicos que, ungidos por uma carga afetiva, tornam-se pontos ligados na cadeia que Freud (1895/1980b, 1911/1980d) assumiu como sendo o *pensamento*.

Assim como não se pode separar a linguagem do pensamento, não se pode tomar o problema da "vida da palavra" sem considerar a definição particular de *pensamento* no interior das

---

e da linguística estruturalista, como se vê na obra de Lacan. Já a problemática dos usos da linguagem e de seus efeitos sobre o outro, no sentido, por exemplo, em que Bion (1967/1988) o relaciona à *identificação projetiva*, estabelece uma ponte com a vertente *pragmática* da filosofia da linguagem (Wittgenstein, 1953/1975; Austin, 1962/1990). Jurandir Freire Costa (1994) esclarece tais relações com bastante precisão no artigo "Pragmática e processo analítico: Freud, Wittgenstein, Davidson, Rorty".

teorias psicanalíticas. Não se trata, ali, de pensamento no sentido da atividade lógico-dedutiva, empregada na cognição, mas de uma atividade mental movida pelo inconsciente, tal como Freud (1913/1980f) propunha com a noção de *associação livre*. A palavra, como elemento da língua, é tomada por um sujeito singular dentro de um fluxo associativo cujo motor é o *afeto*. Uma vez que adquire vida por meio do "sopro" do afeto, uma palavra se liga a outra e, sucessivamente, a outra. E assim por diante. Como diria Lacan (1957-1958/1999), um significante tem a característica de remeter a outro significante. Dessa maneira, uma das condições da vida de uma palavra é que ela não seja estanque, mas articulada associativamente a outra por meio de analogias embasadas não apenas na experiência da cultura, mas na *singularidade idiopática*[3] *de cada sujeito. Ou seja, a exigência é de que ela se preste à metáfora. Seja a metáfora produzida conscientemente, como um recurso da função expressiva, seja a metáfora inconsciente, desvelada apenas após sua fala. É por esta via que um sujeito pode dizer mais que aquilo que sabe*, razão pela qual Lacan (1957-1958/1999) afirma que uma interpretação analítica deve esgotar todo o campo semântico recoberto pela palavra proferida.

Vemos, assim, que a palavra viva cumpre uma *função expressiva*, em que o mundo afetivo se externaliza em direção a outro, que é seu destinatário. Trata-se da mesma função da palavra poética, embora isso não signifique que o discurso de um paciente em análise seja uma obra de arte. O que importa demarcar é que a palavra viva é um veículo de expressão do afeto; coloca-se como um elemento da cadeia significante; e fala do sujeito mais do que ele

---

3 Conceito de Maurice Dayan (1994) que designa a experiência psicanalítica de um sujeito como algo que não se parece com nenhuma outra experiência: "em uma relação analítica, toda formação sintomática, para a qual se abriu acesso à palavra, revela-se profundamente idiopática e exige ser tratada como tal" (p. 101).

tencionou dizer de modo consciente. Destaco essas características para vermos mais à frente o que com elas ocorre nas circunstâncias em que a palavra se desbota até a morte.

A postulação de uma vida da palavra ou do discurso, ainda que não recorrendo a este exato modo de denominação do fenômeno, perpassa muitas das teorias psicanalíticas. Para o que quero recortar aqui, entretanto, mencionarei três abordagens que fundamentam meu argumento, que são as de André Green, Joyce McDougall e Pierre Marty, este em parceria com Michel de M'Uzan. Com esses autores adentraremos uma possível teoria da vida da palavra para depois, contando ainda com W. R. Bion, Jacques Lacan, Christopher Bollas e Christophe Dejours, pensarmos sobre alguns mecanismos de sua animação e de seu assassinato, seja na ontogênese, seja na psicopatologia.

A animação da palavra

Como se anima a palavra? A aquisição da palavra é, em seu nível básico, uma operação cognitiva em direção à simbolização, quando uma *coisa* encontra seu representante em um elemento sonoro designado pela língua para tal. Mas a operação não se encerra nessa dimensão. Do ponto de vista psíquico, a *palavra* vem a substituir a *coisa* no plano do pensamento e da linguagem, de modo a permitir, com essa simbolização, um processo de emancipação do sujeito em relação à coisa mesma. O sujeito falante desloca para a palavra o afeto, enquanto se libera da necessidade imperiosa da *coisa* (no regime da percepção) como objeto da satisfação. No campo das palavras abstratas, que designam sentimentos, o próprio fato da nomeação, em si mesmo, alivia a criança dos terrores inomináveis. Portanto, a animação da palavra compõe-se de elementos como: a substituição da coisa pelo pensar e pelo falar; a realização satisfatória por meio do símbolo, quando a economia da percepção pode ceder espaço à economia da representação; e o acesso à função expressiva, que permite ao sujeito comunicar-se com o outro como um ganho para além da experiência sensorial do contato corporal.[4]

Lacan (1957-1958/1999), entre muitos outros autores em que poderíamos nos apoiar, enfatiza a dimensão de satisfação substitutiva que a palavra assume ante a coisa: "o ser humano tanto se satisfaz com palavras quanto com satisfações mais substanciais, ou, pelo menos, numa proporção sensível, muito ponderável, em relação a estas últimas" (p. 351). Mas cumpre acrescentar que a palavra não apenas satisfaz: ela protege o sujeito das excitações pulsionais, ao circunscrevê-las no campo da significação.

Bion (1962/1991), sem dizê-lo desta forma, mostra como a animação da palavra, entretanto, implica um processo de luto: falar implica dor. Ou seja, o abandono da *coisa* pressupõe a assunção da perda da modalidade original de obtenção de prazer para que ocorra a passagem a uma modalidade de satisfação pelo símbolo. Na impossibilidade de fazer essa travessia, o sujeito ficará preso à concretude da sensorialidade, o que lhe custará a própria sanidade.

André Green (1982) aprofunda o esquema freudiano inicial, segundo o qual uma representação é investida por um *quantum* de afeto. Nesse modelo, mais convencional na teoria psicanalítica tanto freudiana como pós-freudiana, representação e afeto são considerados elementos de natureza diversa. Mas Green propõe a

---

4 Esta é a modalidade de comunicação primitiva que se faz imperiosa na perversão. Jorge L. Ahumada (1999) destaca o papel extremado da sensorialidade cutânea na tranquilização buscada por meio das relações perversas: "Os muitas vezes intensos fenômenos prazerosos dos atos perversos se dão nesta área simbiótica, onde os fenômenos fusionais de sensorialidade cutânea desempenham um papel proeminente" (p. 60).

indissociabilidade de ambos, postulando o estatuto de representação para o próprio afeto, o que vem a desembocar no questionamento da concepção clássica de heterogeneidade entre qualidade e quantidade. Esse modo de pensar permite ao autor a construção de seu conceito de *discurso vivo*, que veio a ser uma das grandes contribuições teóricas ao estudo da vida da palavra. Green não o menciona, mas as investigações da psicologia da *Gestalt* (Kofka, 1935/1975) já indicavam algo como a possibilidade de apreensão perceptual do afeto, por parte do bebê, antes mesmo que lhe fosse viável a percepção organizada dos objetos.

Joyce McDougall (1991) foi uma autora que trouxe contribuição fundamental para o nosso tema. Realço aqui o seu conceito de *afetação*, deduzido clinicamente a partir da verificação de seu negativo, a *desafetação* da palavra em pacientes somatizadores ou normopatas.[5] Para ela, *grosso modo*, a palavra, fornecida pela mãe (que aqui designa, é claro, o objeto primário), adquire vida, isto é, *afeta-se*, como sucedâneo da função de paraexcitação, realizada nos primórdios da vida do bebê por meio do próprio corpo materno. A separação do bebê em relação à mãe vai se dando à medida que ele, para conter as sensações inomináveis de terror, não mais necessita, de maneira absoluta, de sua presença corporal. O que vem a substituir a mãe como função de paraexcitação é a palavra, que a partir de então a criança portará em si mesma.

Não seria demasiado ver em ambos os autores a mão de Pierre Marty, uma vez que a postulação do *pensamento operatório* (Marty & M'Uzan, 1962/1994) trouxe um recurso teórico extremamente profícuo para a psicanálise francesa, que depois se estendeu para a psicanálise em geral. O pensamento operatório é exatamente a

---

5 Para maiores esclarecimentos sobre o conceito de *normopatia*, ver o livro *Normopatia: sobreadaptação e pseudonormalidade* (Ferraz, 2002), cujo capítulo 3 traz uma análise da contribuição de Joyce McDougall a essa problemática.

forma desafetada de pensamento que resulta em um discurso também operatório, em que a significação das palavras se reduz ao elementar. Os significados não se deslocam em uma cadeia associativa, em razão da carência do afeto que seria o motor de tal movimento. O discurso, quando muito, pode recorrer à metonímia, mas não à metáfora. Nem é necessário dizer que, na situação analítica, o paciente operatório não é capaz de produzir o discurso associativo solicitado pelo analista, levando muitas vezes ao impasse da análise. Já o discurso vivo conduz um significante rapidamente a outro. O exemplo de Marty (1998) é cristalino: "uma *boneca*, que de início é sentida como algo visível e palpável pelo bebê, adquire progressivamente o valor afetivo de uma *criança*, e mais tarde, no adolescente e no adulto, o sentido metafórico de uma *mulher sexuada*" (p. 17). Já no sujeito operatório, "a palavra *boneca* pode então não evocar... nada mais que *brinquedo de criança*" (p. 17), estancando a significação no estrato mais elementar e literal da palavra.

Vejamos outro trecho de Marty (1998) que exemplifica o fluxo associativo que se faz presente no pensamento afetado:

> *Assim, tenho, por exemplo, meu lenço nas mãos. Lembro-me de que ele me foi dado por um primo que já morreu. Penso então na morte deste primo que alguns colegas trataram. Sou grato por essa ajuda quando ele estava doente. Penso então em minha família que acabo de ver na província e experimento certa culpa por não ter ido, especialmente, fazer uma visita à viúva desse primo. Não tive tempo. Farei isso no próximo verão. (p. 12)*

Ao pensamento vivo corresponde, naturalmente, o discurso vivo. No caso do discurso operatório definido por Marty, a palavra, restringindo-se ao literal, permanece funcional quanto à sua

46 VIDA E MORTE DA PALAVRA

dimensão *locucionária*, diferentemente do que pode ocorrer na psicose, como veremos à frente. Ela pode, inclusive e *a fortiori*, funcionar nos registros *ilocucionário* e *perlocucionário*,[6] produzindo efeitos sobre seu destinatário, uma vez que se presta tanto à *identificação projetiva* (Klein, 1946/1982) quanto à *introjeção extrativa* (Bollas, 1992). A palavra poderá se preservar no campo de seu *uso*,[7] enquanto perderá seu colorido no campo semântico.

A morte ou o assassinato da palavra

Uma vez tendo visto como pode uma palavra se dotar de vida, ou seja, animar-se, consideremos agora os processos seja de sua não animação, no plano da ontogênese, seja de seu assassinato, no plano da patogênese. Em ambos os casos, o que se acha em ação são mecanismos *para além do princípio do prazer*, por assim dizer, explicáveis pela economia do trauma. Existe farto material para a compreensão desse processo nos relatos clínicos da psicanálise contemporânea, particularmente interessada pelas chamadas formas da *psicopatologia não neurótica*. Mas também a literatura e o cinema são fontes generosas de exemplos que lançam luz sobre essa problemática. O filme *A vida secreta das palavras*,[8] do qual trataremos mais à frente, mostra cristalinamente o processo de

---

6 J. L. Austin (1962/1990) postula essas três dimensões da linguagem. A dimensão *locucionária* é apenas constatativa ou descritiva. A dimensão *ilocucionária* é a que indica como um enunciado deve ser interpretado pelos falantes de uma língua, ou seja, diz respeito à intenção veiculada. E a dimensão *perlocucionária* corresponde aos efeitos produzidos pelo enunciado sobre o interlocutor.

7 Emprego aqui o termo uso da palavra na acepção de Wittgenstein (1953/1975), quando prioriza a sua abordagem por meio da ideia de *jogos de linguagem*, em detrimento do viés da *significação*. Mas refiro-me também ao seu emprego no *acting out* (Bion, 1967).

8 *La vida secreta de las palabras*, direção de Isabel Coixet (Espanha, 2005).

morte e de ressurreição da palavra, o que pode significar, também, assassinato e reanimação do sujeito psíquico.

Para deixar claros os níveis em que o assassinato da palavra pode se dar, dividirei esta exposição em duas partes. Na primeira, examinaremos a morte da palavra na ontogênese, mostrando como ela se dá nas relações familiares precoces, em que a criança, indefesa, fica totalmente sujeita às manipulações conscientes e inconscientes dos pais ou cuidadores. Na segunda, veremos como, no sujeito psiquicamente constituído, as situações traumáticas de grande magnitude podem levar à impossibilidade da expressão verbal que implique o seu testemunho. Nossa divisão corresponde, assim, ao que Freud (1912/1980e) diferenciava como fatores *disposicionais* e *acidentais* do desencadeamento das neuroses. Nos acontecimentos datados da infância, quando o sujeito ainda está em fase de constituição, localizam-se os fatores disposicionais, enquanto nos acontecimentos traumáticos que se dão na vida do sujeito adulto, ou já psiquicamente constituído, encontram-se os fatores acidentais. Junta-se ainda a esses dois fatores um terceiro, que é o *constitucional*. Comecemos então pelas vicissitudes do desenvolvimento da criança.

Joyce McDougall (1991) examina em minúcias o caso de certo tipo de paciente que tende a dispersar, por meio da *ação*, qualquer impacto das experiências emocionais. Quando busca rastrear a origem desse mecanismo defensivo, ela se depara, no plano das rememorações do sujeito, com "referências a um discurso familiar que preconizava um ideal de inafetividade e condenava qualquer experiência imaginativa" (p. 116). Trata-se, nesses casos, de uma identificação da criança com os pais por meio daquele mecanismo que Denise Braunschweig e Michel Fain (1975) chamaram de *comunidade da recusa*, que se dá quando ela renuncia a manipular, no pensamento e no discurso, certas interrogações que os próprios

48 VIDA E MORTE DA PALAVRA

pais não puderam simbolizar. Assim procedendo, ela os preserva da descompensação, enquanto se torna, graças ao não dito, herdeira da recusa e da clivagem dos pais.

Todavia, não será apenas no *discurso* familiar que vamos encontrar os elementos etiológicos da morte da palavra. Claro que eles desempenham um papel fundamental, mas há outras intervenções parentais mais contundentes sobre a criança que conduzem ao desinvestimento afetivo da palavra. Vejamos duas importantes contribuições para a determinação dessa etiologia no plano das relações familiares.

Bollas (1992) aponta duas maneiras de prejudicar o que ele chama de *mutualidade produtiva* nas relações humanas, tendo como pressuposto que "os elementos da vida psíquica e suas diferentes funções são mantidos em comum" (p. 195), pelo compartilhamento da experiência emocional. Dito de modo esquemático, a primeira delas estará na gênese da psicose, enquanto a outra conduzirá a patologias da recusa que têm na normopatia sua matriz de fundo.

Comecemos pela operação a que Melanie Klein (1946/1982) já chamara de *identificação projetiva*, que se dá quando alguém se livra de um elemento indesejável de sua vida psíquica depositando-o sobre o outro. Segundo Bollas (1992), um pai pode romper o contato psíquico com sua própria impulsividade por meio de uma crítica à impulsividade natural do filho, por exemplo. Essa invasão do pensamento do filho não raro se associa à psicogênese da psicose, uma vez que visa a borrar as bordas do eu. Segundo a releitura dessa operação feita por Christophe Dejours (1991), o que os pais do psicótico visam não é tanto ao impedimento do pensar, mas sobretudo à sua *manipulação* e ao seu *desvio*. Trata-se da tentativa de um *redirecionamento* do pensamento da criança. Afirma o autor:

> *Na psicose..., o que o paciente teme é que o pensamento de que ele é sede não seja o seu, mas o de um outro que se imponha a ele: uma síndrome de influência. Os pais do psicótico não procuram tanto destruir o pensamento do filho, mas controlar o sentido desse pensamento, para excluir dele qualquer equívoco, qualquer duplo sentido, ou seja, condenar a simbolização. (Dejours, 1991, p. 77)*

No psicótico que foi vítima da identificação projetiva, o comprometimento da palavra poderá chegar ao plano de sua significação primária, quando ela se separa da coisa que representa e passa, ela mesma, à condição de coisa. Torna-se um sinal sem sentido, ao qual Bion (1967/1988) se refere como *objeto sonoro*, desvinculado da significação, solto no ar e degradado em sua condição de símbolo, podendo retornar ao sujeito como alucinação. Eis aí outra condição de morte da palavra, esta incidindo radicalmente sobre seu próprio registro *locucionário*, além, é claro, de sua função semântica. O discurso delirante, como se verifica no caso do paranoico, é então atingido, inicialmente, em sua dimensão lógica, tornando-se *paralógico*, como afirma Dejours (2001). Mas a degradação pode prosseguir e atingir, regressivamente, até mesmo a dimensão sintática do discurso, quando este se quebra e as palavras se justapõem já sem observar as regras da língua. A isso se faz acompanhar o fenômeno da alucinação.

É curioso observar como a estranheza que esse discurso causa no seu receptor pode ser alcançada pelos efeitos da obra de arte que tem a palavra como matéria, ou seja, a poesia. Mas aí já se trata de expressão, o que situa o fenômeno em outro campo que não o da loucura... Vejamos na poesia de Manoel de Barros (2010) esse efeito de estranheza, similar àquele engendrado pelo discurso esquizofrênico, quando se embaralha a temporalidade: "Ontem choveu no futuro" (p. 305). Ou, indo mais longe, quando se embaralha a identidade subjetiva: "Eu já disse quem sou Ele" (p. 353).

Lacan (1955-1956/1985), como Bion, aborda o fenômeno radical que é a separação entre a palavra e sua significação quando trata da alucinação verbal nas psicoses. Vale a pena a citação:

> *O que acontece se vocês se apegam unicamente à articulação do que ouvem, ao sotaque, e mesmo às expressões dialetais, ao que quer que seja literal no registro do discurso de seu interlocutor? É preciso acrescentar a isso um pouco de imaginação, pois talvez isso nunca possa ser estendido ao extremo, mas é muito claro quando se trata de uma língua estrangeira – o que vocês compreendem num discurso é outra coisa que o que está registrado acusticamente. É ainda mais simples se pensarmos no surdo-mudo, que é suscetível de receber um discurso por sinais visuais transmitidos por meio dos dedos, segundo o alfabeto surdo-mudo. Se o surdo-mudo ficar fascinado pelas lindas mãos de seu interlocutor, ele não registrará o discurso veiculado por essas mãos. (Lacan, 1955-1956/1985, p. 158)*

Em outro momento, Lacan levará o mesmo raciocínio para a palavra escrita: se ficarmos no nível da apreciação da letra, então não acederemos à significação da palavra. Ou seja, para que se dê a significação, é preciso, de algum modo, esquecer a forma concreta do sinal que a veicula. A palavra como elemento puramente sonoro ou visual, pode-se dizer, está morta.

Entretanto, mesmo perecendo no plano da significação, a palavra pode preservar-se em sua perlocucionaridade, uma vez que, como bem observa Bion (1967/1988), ela é empregada pelo esquizofrênico como uma "forma de ação" (p. 28). A linguagem verbal se coloca, então, a serviço da identificação projetiva, em uma operação que visa à divisão do objeto. Trata-se de um emprego da linguagem que, eu diria, corresponde a um modo particular de perlocução, uma vez que aquele que emite a palavra se encontra alienado de sua intencionalidade consciente. Nesse caso, ainda seguindo Bion (1967/1988), a linguagem visa a uma comunicação, porém em uma modalidade primitiva tal que isto não se dá por meio da significação das palavras, mas pelo seu uso como coisa – num processo de descarga ou evacuação – e pelo consequente efeito causado sobre o receptor.

A segunda modalidade de prejuízo na *mutualidade produtiva* se dá em razão do mecanismo que Bollas (1992) denominou *introjeção extrativa*, tão destrutivo quanto pode ser a identificação projetiva, da qual ele seria um procedimento inverso. Aqui, o que ocorre é que uma pessoa retira aspectos da vida mental do outro, apropriando-se deles. Trata-se do mecanismo que, por excelência, se encontra na gênese da *normopatia* (McDougall, 1983) ou *doença normótica* (Bollas, 1992). O roubo da vida psíquica da criança, perpetrado pelos pais, impede que o filho tenha a oportunidade de experimentar os sentimentos de culpa e os impulsos à reparação. Uma mãe ou um pai podem, assim, despojá-lo de suas condições de elaboração do conflito psíquico por meio da extração do seu conteúdo mental.

Dejours (1991), por seu turno, mostra como, nos somatizadores, psicopatas, toxicômanos e perversos, está presente um mecanismo semelhante ao descrito por Bollas. Para ele, nos sujeitos que se satisfazem primordialmente pela percepção, em detrimento

52 VIDA E MORTE DA PALAVRA

do emprego da simbolização, quase sempre é possível detectar, em sua história familiar, uma violência *atuada*. Ao contrário do que vimos no caso da identificação projetiva, o objetivo dos pais, aqui, não seria tanto o de *manipular* o pensamento da criança, mas o de *destruí-lo*, o que se pode dar por meio da repressão ao pensamento e à expressão verbal. Esse ataque acontece por meio do desencorajamento da atividade imaginativa, como postula Joyce McDougall (1991), mas pode chegar às raias da violência física contra o filho. Afirma Dejours (1991): "Em inúmeros casos, constato a violência dos pais contra o filho justamente quando este se entrega, por pouco que seja, à *distração*, ao *devaneio* ou à *fantasia*. Os pais ou um dos pais não suportam isso e, então, *batem* no filho" (p. 77).

No limite da violência, com um potencial patogênico estarrecedor, estão as formas de abuso da criança, particularmente a sexual. Nesse caso, para além da violência física, encontra-se a violência da *desmentida*, em que a realidade deve ser negada por meio de um conluio forçado com o agressor. Trata-se muitas vezes de situações traumáticas que se estendem por anos da infância, em especial quando o abuso se dá dentro da família.[9] O pacto em torno do não dito, garantido pela ameaça e pela violência, leva a uma das mais severas formas de matar a palavra. Pode implicar a sua verdadeira erradicação, como se vê no impactante filme *Miss Violence*,[10] em que as filhas abusadas pelo pai são de tal modo submetidas à violência e ao silêncio que acabam se esmerando, elas próprias, no seu acobertamento diante da sociedade e da autoridade legal.

A violência atuada na família retira da criança a possibilidade de se organizar simbolicamente, restando-lhe como alternativa as tentativas de organização por meio da economia da percepção,

---

9 Sobre o abuso sexual intrafamiliar, ver o livro *Cena incestuosa: abuso e violência sexual*, de Renata Udler Cromberg (2001).

10 Dirigido por Alexandros Avranas (Grécia, 2013).

quando então o objeto, na sua qualidade de coisa, não pode ser dispensado. Daí resultam os comportamentos compulsivos de toda ordem, inclusive a compulsão sexual nas perversões, quando se enfraquecem os processos de simbolização.[11] É curioso, inclusive, observar como alguns autores deixaram-se levar pela aparência enganosa de um fantasiar profícuo e intenso no perverso. Examinando sua vida sexual mais detidamente, o que se pôde verificar foi, ao contrário, a estereotipia de sua fantasia, à moda do normopata, e a necessidade imperiosa de descarga, via *acting out*, como se dá nas adicções em geral (toxicomanias, bulimias, jogo patológico etc.).[12] Na economia da percepção, o pensamento e o discurso se limitam ao plano da objetividade, tal como na *vida operatória* (Marty & M'Uzan, 1962/1994). Eis, então, a condição de morte da palavra.

Vamos chegando à conclusão de que a palavra viva prevalece na linguagem do neurótico, com a afetação do seu discurso. É isso que lhe permite a expressão de seu mundo interno, por meio de uma fala sintomática que seria o ato falho e o chiste. Vale ressaltar, então, a íntima relação lógica entre essas duas condições, e não a sua mera simultaneidade. O recalcamento, como sabemos à exaustão, leva à produção de um sintoma que, sendo eminentemente simbólico, expressar-se-á por meio da fala, entre outras formações do inconsciente. O discurso operatório do normopata ou do somatizador, ao contrário, não se constitui como veículo do afeto, e assim, como acuradamente demonstra Marty (1993), está isento de atos falhos. O corpo se torna o palco do sintoma.[13] No caso da

---

11 Sobre os comportamentos compulsivos que se dão às expensas da simbolização e do discurso afetado, ver os livros *Transtornos alimentares: anorexia e bulimia*, de Maria Helena Fernandes (2006), e *Adicções: paixão e vício*, de Decio Gurfinkel (2011).

12 Trato dessa questão de modo pormenorizado no livro *Perversão* (Ferraz, 2000).

13 Para mais detalhes sobre essa operação defensiva, ver o livro *Psicossomática: de Hipócrates à psicanálise*, de Rubens Marcelo Volich (2000).

54   VIDA E MORTE DA PALAVRA

psicopatia, a palavra está morta, visto que não traz nenhuma ressonância afetiva. É impressionante como o psicopata apreende o funcionamento afetivo do outro (vítima), mas apenas para ludibriá-lo com o uso desse saber. A palavra está morta porque não veicula a verdade, mas unicamente a mentira.[14]

A partir de Freud, é possível pensar na presença de elementos traumáticos nas assim chamadas três estruturas clínicas. Mas, como demonstra Myriam Uchitel (2001), trata-se de traumatismos de natureza distinta. Na neurose, o traumático se vincula à situação edípica, concernindo ao conflito entre o ego e o id. Na psicose, provém da realidade externa, resultando no conflito entre o ego e a própria realidade. Nesse caso, ocorre uma dissociação, mecanismo mais radical do que o recalcamento peculiar à neurose. Já na perversão, representada pela problemática fetichista, o traumatismo se refere à temática do horror à castração, que conduz a uma forma de defesa – a recusa – que também implica a dissociação do ego. Ora, se o traumático, na neurose, circunscreve-se a um conflito entre instâncias psíquicas, na psicose e na perversão ele leva a uma falha no recalcamento, o que corresponde a um fracasso da própria ação defensiva. É nesses dois casos, como se concebe hoje, que se considera a ação do verdadeiro traumatismo, uma vez que, ao contrário do que se dá na neurose, comprometem-se a síntese do ego e a função simbólica.

No caso particular da perversão, a palavra também funciona no nível perlocucionário, mas se esvazia no campo da significação. Ela é usada de modo falseado, criando um clima de intimidade, mas visa apenas à sedução e à rendição do parceiro. Masud Khan (1987) chamou esse emprego da linguagem de *técnica da intimidade*, uma especialidade do perverso em sua abordagem do objeto.

---

14 Sobre a questão da mentira na psicopatia, ver o livro *Psicopatia*, de Sidney Kiyoshi Shine (2000).

Essa "técnica" é responsável pela criação de um clima emocional por meio do qual o perverso faz saber a si mesmo e, simultaneamente, anuncia e faz desencadear, dentro do outro, algo que pertence à sua natureza mais recôndita. A comunicação que daí resulta é eminentemente corporal, ou seja, pré-verbal e arcaica. Permite o estabelecimento de uma situação fingida de profunda ligação – e mesmo de fusão – que, no entanto, é e deve ser fugaz, forjando uma situação idealizada e temporária de extrema intensidade orgástica e de renúncia às identidades e aos limites de cada um, mas que não passa de uma espécie de "autoerotismo a dois".

Até aqui, vimos as circunstâncias patogênicas datadas da infância, ligadas, de certo modo, à formação dos fatores *disposicionais* do surgimento da patologia. Mas, como afirmei acima, é possível detectar fatores *acidentais* originados na adolescência ou na vida adulta. Para assim se constituírem, eles estarão condicionados à magnitude do acontecimento traumático.

O traumatismo que implica um prejuízo à função simbólica em um sujeito já constituído psiquicamente obedece, em Freud (1920/1980g), ao paradigma do trauma de guerra, que pode provocar a assim denominada neurose traumática.[15] Decorre de situações de intenso sofrimento, que superam a possibilidade de elaboração psíquica da vítima. Acontece também em razão de catástrofes naturais e acidentes de toda espécie. Mas se intensifica quando o sofrimento é causado deliberadamente por outrem, como na violência sexual, no sequestro e na tortura.[16] Nesses casos, o funcionamento psíquico, impedida a perlaboração, paralisa-se no circuito da compulsão à repetição. A própria rememoração pode

---

15 Sobre esta problemática, ver o livro *Neurose traumática: uma revisão crítica do conceito de trauma*, de Myriam Uchitel (2001).

16 Sobre as consequências psíquicas da tortura, ver o impressionante livro *Tortura: testemunhos de um crime demasiadamente humano*, de Maria Auxiliadora de Almeida Cunha Arantes (2013).

ficar comprometida. A morte da palavra se dá, então, de modo absoluto, pela impossibilidade mesma de pronunciá-la, pois a dor daí resultante seria insuportável. O filme *A vida secreta das palavras*, já mencionado, é um dos mais acabados retratos dessa situação.

Concluindo, a palavra pode ser dada por morta tanto em casos de psicose como de normopatia e problemáticas congêneres, gestados na ontogênese, bem como nas perturbações decorrentes do trauma, em qualquer fase da vida de um sujeito. O que há de comum na psicogênese de todas essas situações é que a morte da palavra se dá mais por assassinato do que por circunstâncias naturais. No caso da criança, o seu despreparo a torna vulnerável às invasões ambientais, provindas em geral do inconsciente parental. Como insiste Laplanche (1992), pela defasagem entre a criança e o adulto, não se pode falar de interação entre ambos, mas da ação do segundo sobre o primeiro, por meio da emissão de *significantes enigmáticos*. No caso do trauma em adultos, é a retirada das condições de defesa ou de ab-reação (situação que não deixa de se assemelhar ao desamparo infantil) que impede a ocorrência da perlaboração, lançando o sujeito no funcionamento *para além do princípio do prazer.*

A clínica: reanimação da palavra

Para finalizar, cabem algumas poucas considerações sobre a clínica da reanimação da palavra. Na clínica das neuroses, a possibilidade da palavra já está dada. Sua matéria é o discurso do sujeito, e a intervenção analítica segue o paradigma freudiano da *interpretação*. Mas quando a linguagem não se vincula ao afeto, no discurso operatório, ou quando a palavra não pode vir à luz, na neurose traumática, cabe ao analista estabelecer uma forma de intervenção voltada à sua reanimação.

Chegamos aqui ao mais profundo sentido daquilo que, na psicanálise, frequentemente se chama de *escuta*. Na gênese do sofrimento psíquico se encontra exatamente a violência de não ser escutado, ou não ser escutado de modo significativo. Encontra-se o desestímulo à fala, o sequestro da palavra ou o seu assassinato pelos mecanismos de intrusão representados pela identificação projetiva e pela introjeção extrativa, quando não pela violência e pelo desamparo absolutos.

Assim, é apenas por meio da escuta interessada, emoldurada por funções analíticas já propostas por grandes autores, como a *continência* (Klein, 1973), o *holding* (Winnicott, 1968/1991) e a *rêverie* (Bion, 1962/1991), que a palavra, na medida do possível, será reanimada. O analista abre ao sujeito a possibilidade de rememorar e de falar, na contramão da desmentida traumática. E, o que é fundamental, *acredita* em sua verdade.

Aqui, ainda estamos falando da clínica psicanalítica ordinária, mesmo que já estejamos considerando os múltiplos quadros de referência teórica da psicanálise contemporânea, que trabalhou pelo alargamento do espectro na analisabilidade rumo às formas de psicopatologia não neuróticas. Para tanto, essa nova psicanálise buscou estabelecer dispositivos para além da intepretação tradicional da análise-padrão. Mas outros experimentos terapêuticos têm sido feitos na tentativa de estabelecer um *setting* diferenciado quando se trata de traumatismos graves. Na escola francesa de psicossomática, por exemplo, estabeleceu-se um verdadeiro protocolo de atendimento a vítimas de catástrofes, particularmente de terremotos.

Lucía Barbero Fuks (2008) demonstra como, nas situações agudas de trauma, a *atenção imediata* à vítima possui uma eficiência terapêutica maior do que a *atenção tardia*, uma vez que age profilaticamente, impedindo a destruição da malha simbólica e a

58 VIDA E MORTE DA PALAVRA

cristalização da patologia, com o consequente desinvestimento da expressão verbal:

> *O mais importante nessa prática é estabelecer com a vítima um vínculo de fala, propondo-lhe que ponha em palavras a experiência que acaba de viver. Falar com alguém nesse momento já implica tomar um pouco de distância das imagens de horror que produziram marcas no aparelho psíquico. Falar com alguém é também se segurar no mundo dos humanos – a comunidade dos vivos – e escapar, dentro do possível, ao poder de atração do horror e da morte. (p. 131)*

Não vou me estender mais sobre a clínica psicanalítica do trauma e a ressurreição da palavra, uma vez que o exemplo do filme *A vida secreta das palavras* fala, por si mesmo, mais do que o conseguiríamos por meios teóricos. Ali assistimos a uma verdadeira reanimação da palavra por meio da escuta interessada. Não se trata de um processo analítico convencional, mas de uma cura pelo amor, que não deixa de ter efeitos analíticos. Uma enfermeira severamente traumatizada pela barbárie da guerra dos Bálcãs – em uma situação de terror absoluto e prolongado – é delicadamente instada, por um paciente gravemente queimado, de quem ela cuida em uma plataforma marítima de petróleo, a falar daquilo que já não era mais verbalizável. Não é gratuito, assim, que o título do filme se refira à *vida* das palavras.

Não seria exagero dizer que esse filme está para a clínica do trauma como o romance *Gradiva*, de Wilhelm Jensen – imortalizado pelo artigo de Freud (1907/1980c) –, esteve para a clínica das neuroses. Em ambos assistimos a uma cura genuinamente analítica, mas efetuada por dispositivos da vida ordinária, consubstanciados no interesse pelo outro. Que, *mutatis mutandis*, não deixa de ser o cerne da ética da psicanálise.

Referências

Ahumada, J. L. (1999). *Descobertas e refutações: a lógica do método psicanalítico*. Rio de Janeiro: Imago.

Arantes, M. A. A. C. (2013). *Tortura: testemunhos de um crime demasiadamente humano*. São Paulo: Casa do Psicólogo.

Austin, J. L. (1990). *Quando dizer é fazer: palavras e ação*. Porto Alegre: Artes Médicas. (Trabalho original publicado em 1962).

Barros, M. (2010). *Poesia completa*. São Paulo: Leya.

Bion, W. R. (1991). *O aprender com a experiência*. Rio de Janeiro: Imago. (Trabalho original publicado em 1962).

Bion, W. R. (1988). *Estudos psicanalíticos revisados*. Rio de Janeiro: Imago. (Trabalho original publicado em 1967).

Bollas, C. (1992). *A sombra do objeto*. Rio de Janeiro: Imago.

Braunschweig, D., & Fain, M. (1975). *La nuit, le jour: essai sur le fonctionnement mental*. Paris: PUF.

Cassirer, E. (2001). *A filosofia das formas simbólicas* (Vol. 1). São Paulo: Martins Fontes. (Trabalho original publicado em 1923).

Costa, J. F. (1994). Pragmática e processo analítico: Freud, Wittgenstein, Davidson, Rorty. In J. F. Costa (Org.), *Redescrições da psicanálise: ensaios pragmáticos* (pp. 9-60). Rio de Janeiro: Relume-Dumará.

Cromberg, R. U. (2001). *Cena incestuosa: abuso e violência sexual*. São Paulo: Casa do Psicólogo.

Dayan, M. (1994). Normalidad, normatividad, idiopatía. In Fundación Europea para el Psicoanálisis (Org.), *La normalidad como sintoma* (pp. 83-107). Buenos Aires: Kliné.

Dejours, C. (1991). *Repressão e subversão em psicossomática: pesquisas psicanalíticas sobre o corpo.* Rio de Janeiro: Jorge Zahar.

Dejours, C. (2001). *Le corps, d'abord: corps biologique, corps érotique et sens moral.* Paris: Payot.

Fernandes, M. H. (2006). *Transtornos alimentares: anorexia e bulimia.* São Paulo: Casa do Psicólogo.

Ferraz, F. C. (2000). *Perversão.* São Paulo: Casa do Psicólogo.

Ferraz, F. C. (2002). *Normopatia: sobre adaptação e pseudonormalidade.* São Paulo: Casa do Psicólogo.

Freud, S. (1980a). As neuropsicoses de defesa. In S. Freud, *Edição standard brasileira das obras psicológicas completas* (Vol. 3, pp. 53-82). Rio de Janeiro: Imago. (Trabalho original publicado em 1894).

Freud, S. (1980b). Projeto para uma psicologia científica. In S. Freud, *Edição standard brasileira das obras psicológicas completas* (Vol. 1, pp. 379-517). Rio de Janeiro: Imago. (Trabalho original publicado em 1895).

Freud, S. (1980c). Delírios e sonhos na Gradiva de Jensen. In S. Freud, *Edição standard brasileira das obras psicológicas completas* (Vol. 9, pp. 11-95). Rio de Janeiro: Imago. (Trabalho original publicado em 1907).

Freud, S. (1980d). Formulações sobre os dois princípios do funcionamento mental. In S. Freud, *Edição standard brasileira das obras psicológicas completas* (Vol. 12, pp. 271-286). Rio de Janeiro: Imago. (Trabalho original publicado em 1911).

Freud, S. (1980e). Tipos de desencadeamento da neurose. In S. Freud, *Edição standard brasileira das obras psicológicas completas* (Vol. 12, pp. 287-299). Rio de Janeiro: Imago. (Trabalho original publicado em 1912).

Freud, S. (1980f). Sobre o início do tratamento (Novas recomendações sobre a técnica da psicanálise I). In S. Freud, *Edição standard brasileira das obras psicológicas completas* (Vol. 12, pp. 161-187). Rio de Janeiro: Imago. (Trabalho original publicado em 1913).

Freud, S. (1980g). Além do princípio do prazer. In S. Freud, *Edição standard brasileira das obras psicológicas completas* (Vol. 18, pp. 11-85). Rio de Janeiro: Imago. (Trabalho original publicado em 1920).

Fuks, L. B. (2008). Trauma e contemporaneidade. In L. B. Fuks, *Narcisismo e vínculos* (pp. 123-135). São Paulo: Casa do Psicólogo.

Green, A. (1982). *O discurso vivo*. Rio de Janeiro: Francisco Alves.

Gurfinkel, D. (2013). *Adicções: paixão e vício*. São Paulo: Casa do Psicólogo.

Khan, M. M. R. (1987). *Alienación en las perversiones*. Buenos Aires: Nueva Visión.

Klein, M. (1982). Notas sobre alguns mecanismos esquizoides. In M. Klein, et al., *Os progressos da psicanálise* (pp. 313-343). Rio de Janeiro: Guanabara. (Trabalho original publicado em 1946).

Klein, M. (1973). *Inveja e gratidão e outros trabalhos*. Rio de Janeiro: Imago.

Kofka, K. (1975). *Princípios de psicologia da Gestalt*. São Paulo: Cultrix, EDUSP. (Trabalho original publicado em 1935).

62 VIDA E MORTE DA PALAVRA

Lacan, J. (1985). *O seminário* (Vol. 3). Rio de Janeiro: Zahar. (Trabalho original publicado em 1955-1956).

Lacan, J. (1999). *O seminário* (Vol. 5). Rio de Janeiro: Zahar. (Trabalho original publicado em 1957-1958).

Laplanche, J. (1992). *Novos fundamentos para a psicanálise.* São Paulo: Martins Fontes.

Marty, P. (1993). *A psicossomática do adulto.* Porto Alegre: Artes Médicas.

Marty, P. (1998). *Mentalização e psicossomática.* São Paulo: Casa do Psicólogo.

Marty, P., & M'Uzan, M. (1994). O pensamento operatório. *Revista Brasileira de Psicanálise, 28*(1), 165-174. (Trabalho original publicado em 1962).

McDougall, J. (1983). *Em defesa de uma certa anormalidade: teoria e clínica psicanalítica.* Porto Alegre: Artes Médicas.

McDougall, J. (1991). *Teatros do corpo: o psicossoma em psicanálise.* São Paulo: Martins Fontes.

Shine, S. K. (2000). *Psicopatia.* São Paulo: Casa do Psicólogo.

Uchitel, M. (2001). *Neurose traumática: uma revisão crítica do conceito de trauma.* São Paulo: Casa do Psicólogo.

Volich, R. M. (2000). *Psicossomática: de Hipócrates à psicanálise.* São Paulo: Casa do Psicólogo.

Winnicott, D. W. (1991). *Holding e interpretação.* São Paulo: Martins Fontes. (Trabalho original publicado em 1968).

Wittgenstein, L. (1975). *Investigações filosóficas.* São Paulo: Abril Cultural. (Coleção Os Pensadores, trabalho original publicado em 1953).

3. Trauma, silêncio e comunicação

Eugênio Canesin Dal Molin

Introdução

A crescente literatura sobre o trauma tem dado a oportunidade de entrarmos em contato com autores, clássicos e contemporâneos, que oferecem modelos diferentes para a compreensão de como se montam experiências desse tipo e quais suas consequências para o indivíduo e para a sociedade. Mesmo partindo de referenciais diversos, os modelos contam com elementos similares – alguns, cabe dizer, identificados desde as primeiras tentativas de compreender o tema –, mas que ganham nova roupagem, e são decompostos de modo a revelar os mais importantes processos psíquicos envolvidos na formação do trauma.

Na história da psicanálise, em especial, dois grupos de experiências centralizaram os esforços de teorização a respeito do trauma: o abuso sexual de crianças[1] e as neuroses traumáticas. Sabemos

---

1 Habitualmente nomeado como episódio de "sedução", embora, a rigor, essa palavra seja problemática quando usada de modo a incluir atos de violência, que estão distantes daquilo que o termo parece designar.

que Freud dedicou atenção a ambos os grupos. O primeiro povoou seu pensamento entre 1895 e 1897 e mereceu uma série de textos, entre artigos (Freud, 1896/1962b, 1896/1962c), trechos de manuscrito (Freud, 1895/1950), um relato clínico (Freud & Breuer, 1893-1895/1955) e cartas endereçadas a um amigo, o médico Wilhelm Fliess (Masson, 1985). O segundo grupo de experiências, o das neuroses traumáticas, igualmente mereceu o esforço freudiano, como atestam escritos do começo de sua carreira (Freud, 1894/1962a) e de sua maturidade (Freud, 1918/1955a, 1920/1955b). O próprio conceito de trauma, porém, sofreu mudanças ao longo da obra de Freud. Seus discípulos mais próximos também se debruçaram sobre o tema, caso de Karl Abraham e Sándor Ferenczi, ambos autores de artigos sobre experiências sexuais abusivas na infância e sobre quadros psicopatológicos em cuja etiologia a vivência de um ou mais traumas era fator determinante.

Em virtude da confusão, de reiterada frequência, a respeito de como autores da psicanálise, a começar por Freud, pensaram sobre as experiências sexuais precoces de natureza abusiva, não me parece que possamos deixar essas ideias de lado, como *déjà raconté*, e ignorar a novidade que algumas releituras podem trazer. Meu intuito será apresentar uma dessas releituras, a partir de modelos de compreensão do abuso sexual infantil delineados em artigos escritos por Abraham, em 1907, e por Ferenczi, em 1932. Um ponto que merecerá nossa atenção relaciona-se ao fato de que tanto Abraham quanto Ferenczi oferecem respostas diferentes a uma mesma questão, essencial à discussão sobre quais são os elementos envolvidos na experiência sexual abusiva durante a infância. Podemos sintetizá-la nos seguintes termos: por que algumas crianças silenciam sobre a violência que sofreram?

O modo como os autores esboçam a pergunta e procuram respondê-la é indicativo da própria concepção de psiquismo que foram capazes de vislumbrar quando da escrita dos artigos. E os modelos clínico-teóricos ensejados a partir desse problema, como veremos, aproximam a maneira de conceber a formação do trauma sexual de tentativas mais recentes de compreensão dos traumas culturais, marcados, estes também, por uma problemática envolta no tema da comunicação de experiências que poderão ser qualificadas como traumáticas.

Comecemos nossa proposta de releitura pelo psiquiatra prussiano K. Abraham, que se interessou pela psicanálise enquanto trabalhava na Suíça, ao lado de Jung, como assistente de Eugen Bleuler.

Excitação, culpa e silêncio

Em 1907, Karl Abraham, então um jovem psiquiatra natural de Bremen, enviou a Freud um artigo intitulado "Os traumatismos sexuais como forma de atividade sexual infantil". Nele, Abraham (1907/1927) considerava que um traumatismo sexual não poderia ser indicado como causa de qualquer psicopatologia estudada na época, mas exerceria uma influência sobre a forma posterior da sintomatologia observada nos pacientes. Ele subscrevia, explicitamente, sua concordância com as ideias de Freud (1905-1906/1953b) expressas no texto "Minhas opiniões sobre o papel desempenhado pela sexualidade na etiologia das neuroses", no qual o traumatismo sexual recebe uma importância secundária e postula-se que a base das neuroses reside em uma constituição psicossexual anormal. Abraham (1907/1927) acreditava que as opiniões de Freud explicavam satisfatoriamente por que um traumatismo sexual na infância teria grande significação na história de numerosos indivíduos, mas deixavam em aberto a questão de por que "tanto nas neuroses quanto nas psicoses podemos descobrir um traumatismo sexual durante a anamnese infantil" dos pacientes (p. 48). Um dos objetivos de Abraham (1907/1927) no artigo é abordar essa questão, o que ele faz imediatamente, apresentando uma hipótese que vinha se montando desde seu contato inicial com a obra de Freud: "provar que, em um grande número de casos, a ocorrência do traumatismo foi desejada pelo inconsciente da criança e que devemos considerá-lo como uma forma de sexualidade infantil" (p. 48), "uma expressão masoquista da pulsão sexual" (p. 54). Vejamos, com o devido cuidado, o que Abraham quer dizer com isso.

Sua defesa é a de que seria fácil, ao observar as crianças, perceber como algumas se mostram difíceis e outras fáceis de seduzir. "Há crianças", escreve, "que aceitam quase sem resistência a proposta de seguir um desconhecido, e outras que reagem de maneira inversa. Os presentes, doces ou quaisquer promessas fazem agir de maneira muito diferente uma criança da outra" (Abraham, 1907/1927, p. 48). Até aqui temos uma observação que dificilmente seria contestada por quem se familiarizou com casos de abuso sexual. A conclusão de Abraham (1907/1927), entretanto, vai além: "Enfim, *são as crianças que provocam verdadeiramente o adulto de um ponto de vista sexual*" (p. 48, grifo nosso).

Ele propõe uma classificação dos traumatismos sexuais e das crianças abusadas que tem uma lógica particular. Como de hábito em seus textos, Abraham parte de sua experiência clínica para estabelecer tal classificação. Os traumatismos sexuais poderiam ser divididos entre aqueles que aconteceram inesperadamente, surpreendendo a criança; e os que foram precedidos por uma ou mais tentativas, por sedução – que eram previsíveis ou foram "provocados" pela criança. Entre os do primeiro tipo, não haveria razões para crer numa complacência da criança abusada. Alguns casos não pertenceriam exclusivamente a um ou outro tipo: em certos episódios, pode ter havido surpresa e reação, tentativas de defesa ou relato posterior a outros adultos; em outros, a surpresa pode ter sido seguida de submissão ao agressor (Abraham, 1907/1927).

A distinção/classificação tem como pressuposto uma avaliação sobre intenção e culpa, e uma indiferenciação. Abraham cita uma passagem da segunda parte de *Dom Quixote* – utilizada por Freud em 1901 na obra *Psicopatologia da vida cotidiana* – na qual Sancho, então governador de sua ilha, recebe uma mulher que leva um homem ao Juízo "alegando que ele roubara sua honra com violência" (Abraham, 1907/1927, p. 181n1). Eis como ele sintetiza a história:

> *Sancho a indeniza com uma bolsa cheia de dinheiro que tomou do acusado; mas depois que a mulher sai, ele dá ao homem permissão para segui-la e tomar-lhe a bolsa de volta. Ambos voltam lutando; e a mulher vangloria-se de que o vilão não foi capaz de tirar a bolsa dela. Então Sancho diz: "Se tivesse lutado para manter sua virtude com metade da valentia que teve para manter a bolsa, este homem nunca teria conseguido roubá-la de você". (Abraham, 1907/1927, p. 50)*

A referência tem o objetivo de salientar a possibilidade e o afinco com que a mulher poderia ter se defendido da agressão, caso tivesse a chance e a vontade de fazê-lo, e traz à tona a consideração de que, em determinados casos, algo da vítima poderia ter papel decisivo no desenrolar do episódio abusivo. Encontramos aqui um problema inicial, ligado às possibilidades de reação quando de uma violência e à atribuição de culpa. Na opinião de Abraham, a inibição da reação pode ter como determinante um aspecto inconsciente da sexualidade da vítima. Outros fatores, como a surpresa, são considerados, mas não são eles que o autor foca ao erigir sua argumentação. Em 1907, dois anos depois da publicação por Freud (1905/1953a) dos "Três ensaios sobre a teoria da sexualidade", o foco está na existência de uma sexualidade infantil dirigida a vários objetos diferentes e composta por pulsões parciais, que, mesmo recalcadas e tornadas inconscientes, continuariam a influir nos modos de obtenção de prazer do adulto. Na ênfase sobre os aspectos inconscientes da sexualidade de um dos participantes, ao dar-lhes um aparente caráter de intencionalidade material determinante, Abraham termina por causar no leitor que conhece pouco a psicanálise a impressão de que o pensamento psicanalítico necessariamente causa uma inversão das culpas objetivas pelo ato violento ou pela sedução.[2] O psiquismo da vítima se sobrepõe à dinâmica abusiva da interação com o agressor, e não reagir torna-se sinônimo de concordar, ou mesmo desejar – o que obviamente traz equívocos de avaliação quando aplicado seja à vida mental, seja aos elementos da realidade material, como durante uma instrução judicial. Sobre o tema, do âmbito de avaliação de culpa, cabe lembrar a seguinte passagem escrita por Freud (1906/2015) em "A instrução judicial e a psicanálise", dirigindo-se a profissionais do campo legal: "Os senhores podem, em sua investigação, ser desencaminhados por um neurótico que, embora inocente, reage como se fosse culpado, pois uma consciência de culpa que nele já existe e fica à espreita se apodera

---

2 Alguns dos problemas da leitura pouco informada e descontextualizada são: tomar o artigo como representativo do que a psicanálise teria a dizer sobre esses casos, como o exemplo que confirma o que já se imaginava sobre a posição dos autores da área; considerar leituras similares às do autor, feitas por outros pesquisadores, como indicativas de que essa seria a única corrente de pensamento psicanalítico possível sobre o tema; um último problema consiste em ignorar partes da ideia, que podem ter validade clínica, devido à má impressão causada pelo todo. Exemplo dessa leitura problemática, que ainda conta com simplificações sobre o tratamento que Freud deu ao assunto, pode ser encontrada em Salter (2009).

daquela acusação específica" (p. 298). Ao que Freud acrescenta o seguinte exemplo, tomado do ambiente infantil:

> *Sucede que uma criança, ao ser repreendida por um malfeito, nega firmemente a culpa, mas chora como um réu desmascarado.... A criança realmente não cometeu a falta que lhe atribuem, mas outra semelhante, da qual nada sabem e de que não a acusam. Logo, com razão ela nega a culpa naquele malfeito, e ao mesmo tempo revela sua consciência de culpa por causa do outro. O adulto neurótico age nesse ponto – e em muitos outros – exatamente como uma criança. (Freud, 1906/2015, p. 298)*

Ou seja, a culpa objetiva pode, de modo errôneo, ser atribuída a uma ação que não foi, na verdade, sua causa; esta permaneceria relacionada a outro ato ou mesmo a um pensamento que o acusador desconhece. O texto nos leva a enfrentar outro problema, o da indiferenciação, feita por Abraham, entre as possibilidades de reação da criança e do adulto.

Após a citação do *Dom Quixote*, lemos: "Naturalmente, esses exemplos concernem adultos, mas teremos ocasião de constatar que, nesse domínio [o da reação a investidas sexuais], *não existem diferenças entre adultos e crianças*" (Abraham, 1907/1927, p. 50). É o caso de nos perguntarmos se este é um dos pontos em que o adulto neurótico age exatamente como uma criança. Acompanhemos um pouco mais o artigo do jovem psiquiatra antes de adiantar uma resposta. O ponto nuclear, nesse argumento inicial, é o de que "o trauma poderia ter sido prevenido", e a criança "poderia ter pedido ajuda, fugido, ou oferecido resistência, ao invés de ceder à sedução" (Abraham, 1907/1927, p. 50), mas não o fez devido a sua constituição psicossexual. Soma-se outro aspecto à não reação da criança que chama a atenção de Abraham, o silêncio que muitas crianças mantêm sobre o ocorrido, mesmo muito tempo depois da investida do adulto. Em sua opinião, portanto, alguns casos exibem um duplo indicativo da complacência da criança ao abuso, de como ela também buscaria prazer com a experiência: a ausência de reação e o silêncio posterior, a manutenção do segredo.

Abraham apresenta vários exemplos para corroborar o argumento; dois deles nos interessam. O primeiro é o de uma menina que escapou de uma situação de risco. Um cano no porão da casa de sua família precisava de reparos, e chamou-se um encanador para arrumá-lo. A moradora da casa pediu ao homem que se encaminhasse até o porão, descendo as escadas, e disse que lhe mandaria a chave que abriria o porão. Continua Abraham (1907/1927):

> *Ele desceu, e a filha pequena da moradora trouxe--lhe a chave. O homem entrou no porão e saiu pouco depois. A criança estava esperando na escada pouco iluminada para pegar a chave de volta. Antes que ela percebesse o que estava acontecendo, o homem tentou um ato indecente. A criança correu escada acima e imediatamente contou a sua mãe o que tinha acontecido. O homem foi perseguido e preso. (p. 51)*

Vejamos o segundo exemplo oferecido pelo psiquiatra de Bremen. "Uma garota de nove anos foi atraída por um vizinho para dentro de um bosque. Ela seguiu-o de bom grado. Ele então tentou estuprá-la" (Abraham, 1907/1927, p. 51). A menina conseguiu escapar quando o ato estava quase consumado e voltou correndo para casa. Mas, escreve Abraham (1907/1927), ela "não disse nada sobre o que ocorreu; nem mais tarde falou sobre o assunto com sua família" (pp. 51-52). Por que essas duas meninas teriam agido de modo tão diverso após o trauma?

A resposta de Abraham a essa pergunta mostra, ao mesmo tempo, uma inequívoca capacidade de observação do funcionamento mental e as limitações do instrumental clínico-teórico de que dispunha em 1907 para fazê-lo. A criança que manteve o silêncio teria se rendido "à atração de fazer algo proibido, e agora tem o sentimento de que o acidente foi culpa sua" (Abraham, 1907/1927, p. 52). Em virtude da intensidade constitucional da procura pelo *"ganho de prazer,* presente em toda atividade sexual" (p. 53), a criança é tentada, argumenta, a procurar a "excitação sexual [por uma via masoquista] que leva à submissão ao agressor" (p. 53), comportamento que teria como consequência o sentimento de culpa. Dito de outro modo, "este fato, do ganho de prazer, é o segredo que a criança guarda de modo tão angustiado; ele sozinho explica o sentimento de culpa e os eventos psicológicos que se seguem a um trauma sexual" (p. 53). Um modelo psicanalítico para certos casos de abuso sexual, que se depreende do artigo de Abraham, pode ser organizado da seguinte maneira: um fator constitucional intensifica a busca infantil por ganhos de prazer (como a excitação), eles conduzem, por exemplo, à atração pelo proibido e à submissão ao agressor, o que gera o sentimento de culpa, responsável pelo silêncio e pelo segredo quanto à experiência sexual. Como veremos em seguida, essa organização não resiste à observação cuidadosa. Um último elemento, este clinicamente perceptível, é acrescentado ao modelo:

> *Indivíduos que já sofreram um trauma sexual, do qual foram parcialmente culpados por seu comportamento submisso, e que ao mesmo tempo trouxe-lhes prazer, mostram uma tendência a se exporem a outras ocor-*

rências do mesmo trauma. Se sofrem um segundo trauma, assimilam-no, em seu inconsciente, ao primeiro trauma que já foi reprimido. O trauma adicional age de um modo auxiliar no distúrbio do equilíbrio psíquico... (Abraham, 1907/1927, p. 57)

A percepção desse movimento psíquico, caracterizado pela repetição do trauma, vai mais longe. Pensando no adulto histérico, escreve Abraham (1907/1927): "Poderíamos mesmo falar de uma diátese traumatofílica, que, ademais, não é limitada aos traumas sexuais" (p. 57). O modelo, que procuramos depurar do artigo de Abraham, terminaria com a tendência à repetição – disposição inconsciente em retomar o evento traumático. A observação é notável. O ano, 1907, é anterior às teorizações freudianas sobre a compulsão à repetição, em especial aquelas feitas em "Além do princípio do prazer" (Freud, 1920), envolvendo a passagem da passividade à atividade e a pulsão de morte. Daí o insuficiente instrumental teórico à disposição de Abraham e as claras limitações do modelo psicanalítico encontrado em seu artigo. Mas a repetição do trauma pelos pacientes – como uma tendência compulsiva – é indicada com clareza. O próprio autor, em um pós-escrito de 1920, reconhece que o artigo contém erros quanto às ideias de Freud, mas afirma que, embora correções fossem necessárias, elas "não invalidam os resultados de minha investigação" (Abraham, 1907/1927, p. 63).

Parece-me igualmente merecedor de destaque como os próprios exemplos oferecidos pelo autor trazem aspectos que problematizam, de um modo que Abraham não notou, a compreensão dos casos de abuso. Tomemos a questão que nos interessa, a de por que algumas crianças silenciam sobre a experiência de sedução. A resposta de Abraham em 1907, como vimos, envolve a constituição psicossexual da criança, sua busca por ganhos de prazer por meio da excitação, a submissão à investida do adulto e o consequente sentimento de culpa. Elementos todos de caráter intrapsíquico, nos quais a figura do adulto que seduz ou ataca não merece maiores considerações. Noutras palavras, o modelo que encontramos no artigo toma o psiquismo da criança isoladamente, e ignora sua relação com os objetos externos – com os adultos que o cercam. Deixam de ser contempladas as relações de dependência e confiança e as posições de autoridade, o que resulta numa equivalência entre a criança e o adulto que, a rigor, não pode ser mantida em casos de violência sexual.

No primeiro exemplo, da menina que levou a chave ao encanador e, ao ser surpreendida pela atitude do homem, fugiu e foi relatar o que ocorreu, contamos com outras duas figuras centrais à montagem da cena: o homem e a mãe da menina. Sobre a mãe, diz-nos Abraham (1907/1927), foi ela "que mandou a filha ao porão" (p. 52), de modo que ninguém poderia repreender a menina. Por isso a criança teria "imediatamente encontrado palavras com que contar para a mãe o ocorrido" (p. 52). Também é possível outras duas suposições adicionais, relacionadas uma à outra. A primeira, que a relação da criança com sua mãe fornecia a sensação de que o relato seria ouvido, isto é, a comunicação seria acolhida e haveria resposta às percepções da filha. A segunda, que a mãe, ao ouvir a menina, procurou protegê-la de um estranho que a tomou como objeto sexual. Em ambas, o que vemos entrar em jogo são relações intersubjetivas: a que existia previamente entre a criança e sua mãe, de confiança, aparentemente; e entre a mãe e o homem que se dirigiu sexualmente à criança, de não intimidade. Do mesmo modo, não parece indiferente que o homem também fosse um estranho à menina, que não tivesse autoridade sobre ela ou sua confiança. Essa observação nos leva de volta ao segundo exemplo de Abraham.

74 TRAUMA, SILÊNCIO E COMUNICAÇÃO

Nele, um vizinho conduz a garota, de 9 anos, até um bosque, onde tenta estuprá-la. A menina não contou a ninguém de sua família o que ocorreu. Uma importante diferença em relação ao primeiro exemplo está na relação prévia entre a criança e seu sedutor. Enquanto, no primeiro exemplo, um estranho aborda a menina, no segundo, a abordagem é feita por alguém que a criança conhece. Se faz sentido falarmos em uma constituição psicossexual determinante para o desdobramento dos eventos e seus efeitos – e creio que não podemos ignorar esse fator, embora ele mereça ser colocado noutros termos –, precisamos igualmente atentar para a montagem da cena de abuso, para sua dinâmica, suas personagens, e para as relações de dependência, confiança, autoridade, ou estranhamento e desconfiança entre eles. Ao modelo intrapsíquico, devemos articular elementos que considerem aspectos intersubjetivos.

Em 1932, o psicanalista húngaro Sándor Ferenczi apresentou outra compreensão sobre como habitualmente se montam as experiências de abuso sexual e reorganizou a questão sobre a comunicação e o silêncio de muitas crianças após o abuso. Em seu modelo, além dos fatores intrapsíquicos, as atitudes dos adultos que cercam a criança são fundamentais para a reação e para a comunicação do abuso.

O modelo da confusão de línguas

O trauma é assunto recorrente, e amplamente discutido, nos últimos textos de Ferenczi. O trabalho clínico apresentou-lhe casos nos quais uma ou mais experiências de violência sexual eram determinantes no quadro psicopatológico de pacientes adultos. A composição desses episódios revelava aspectos que escaparam ao modelo de Abraham um quarto de século antes. A primeira constatação ferencziana não é nenhuma novidade, Freud (1896/1962b,

1896/1962c, 1893-1895/1955, 1895/1950) já a realizara, dando-lhe, depois, uma importância secundária.[3] Nas palavras de Ferenczi (1932/2002):

> *Ou são os pais, que tentam encontrar uma gratificação substituta para sua frustração desse modo patológico [o abuso sexual], ou são pessoas julgadas confiáveis, como os parentes (tios, tias, avós), governantas ou empregados, que fazem mau uso da ignorância e da inocência da criança. (p. 161)*

A identidade do adulto que abusa é diferente daquela apontada por Abraham. O agressor ferencziano, como o que Freud identificara no fim do século XIX, é muito mais próximo, ele compõe o ambiente familiar em que a criança está inserida. Há uma relação prévia de confiança, por vezes de dependência, e a investida sexual abusiva ocorre num contexto mais complexo, de posições assimétricas em uma estrutura social razoavelmente hierarquizada. Embora saiba que essas situações também aconteçam com a participação de um adulto estranho à criança, o que Ferenczi salienta é quase uma epidemiologia descritiva do abuso sexual, que indica a tipicidade do incesto.

O modelo apresentado em 1932, em um congresso, e publicado no ano seguinte, envolve uma criança que nutre a fantasia, como numa brincadeira, de ocupar o lugar da mãe. "Essa brincadeira pode assumir formas eróticas, mas continua, de todo modo,

---

3 Sobre a passagem de uma teoria que contava com experiências de abuso sexual (a teoria da sedução) como fator desencadeante da neurose para outra que diminuía seu valor etiológico, mas não o negava, contamos com ampla bibliografia. Ao leitor interessado, cf. Roudinesco (2000), Cromberg (2004) e Dal Molin (2016).

no nível da ternura" (Ferenczi, 1932/2002, p. 161). O que Abraham considerara uma ativa "provocação... de um ponto de vista sexual" (p. 161) aparece, sob outro ângulo, como um modo passivo de busca por contato. Alguns adultos "confundem a brincadeira das crianças com desejos de uma pessoa sexualmente madura, e mesmo se permitem... deixar levar" (p. 161). Há uma confusão entre o que anseia e procura a criança – a ternura – e o que lhe oferece o adulto – a paixão. Ternura e paixão consistem em dois modos diferentes de relacionar-se com o outro, são como duas línguas distintas que, por usarem meios semelhantes de expressão, podem levar uma das partes a uma compreensão errônea do desejo da outra. Para Ferenczi, o efeito da confusão de línguas entre os adultos e a criança é um dos responsáveis pelo comportamento – a reação ou não – durante e após a experiência sexual abusiva.

A reação que Abraham considerava normal, não patológica, de fuga ou recusa, não ocorre, argumenta seu colega húngaro, porque a criança fica "paralisada por enorme angústia" (Ferenczi, 1932/2002, p. 162). Devido ao desamparo físico e moral, à dependência em relação ao adulto e sua autoridade, a criança tem os "sentidos roubados" (p. 162), fica em choque. Caso o nível de angústia aumente ainda mais, argumenta Ferenczi, as crianças são levadas a "submeterem-se como autômatos à vontade do agressor... a identificarem-se com o agressor" (p. 162). O mecanismo de defesa empregado contra a angústia, que no artigo ganha o nome de identificação com (ou introjeção do) o agressor, envolve um princípio de caráter prático: para diminuir o desprazer gerado por determinado estímulo externo, por algo do ambiente, pode-se tentar fugir, lutar, afastar o estímulo, mas nem sempre isso é possível; nesses casos, na impossibilidade de alterar o ambiente, o indivíduo procura mudar uma parte de si, de modo a diminuir a angústia causada por seu contato com o que é externo e vivido como disparador de angústia. A identificação com o agressor, sua introjeção, consiste numa alteração do Eu que procura diminuir o desprazer antecipando os desejos do agressor e submetendo-se a eles, dessa vez de modo ativo, contrário à passividade anterior. Se o mecanismo é psiquicamente vantajoso na economia imediata do psiquismo, ele não o é noutros aspectos.

Um dos problemas consiste exatamente na continuidade da relação entre a vítima e o agressor ou, no tipo de caso que estamos discutindo, entre a criança e o adulto. Como quem abusa, em grande parte dos casos, não é um estranho ou alguém que a criança deixará de encontrar, mas um cuidador com quem pode ter laços familiares, a relação prévia é objetivamente alterada pela necessidade de segredo e/ou pela mudança de posições. Leia-se, a dinâmica entre os sujeitos ganha novos elementos devido às tentativas de adaptar-se, de dar sentido à experiência, e de negá-la. No modelo ferencziano, *as reações posteriores* do agressor fazem a criança sentir culpa pelo que aconteceu, efeito que é ampliado pelo comportamento dos outros adultos. "Normalmente", escreve, "a relação com um segundo adulto – no caso citado, a mãe – não é íntima o suficiente para que a criança encontre ajuda; tímidas tentativas nesse sentido são recusadas por ela [a mãe] como sem sentido" (Ferenczi, 1932/2002, p. 163). A pergunta sobre por que as crianças silenciam sobre a violência ganha outros termos, notadamente: havia outro adulto de confiança com quem a criança poderia se comunicar? Esse outro adulto tinha condições de ouvir a criança?

A relação com o agressor, ao contemplar uma confusão entre fins diferentes da sexualidade, é também uma confusão no nível da comunicação, de modo que o não reconhecimento acerca da natureza psiquicamente disruptiva do abuso pode se dar tanto pela continuidade da violência quanto pela impossibilidade de responsabilizar-se totalmente por ela. Ambas as possibilidades não permitem que seja o agressor quem dê sentido à experiência para

78 TRAUMA, SILÊNCIO E COMUNICAÇÃO

a criança. O segundo adulto, ou os outros adultos, *are taken for granted* no modelo de 1907 descrito por Abraham – eles aparecem como receptores seguros da comunicação da criança quando, na verdade, nem sempre o são. Nos exemplos que destacamos, uma das crianças não hesitou em falar à mãe, que pôde ouvi-la, mas a outra, vítima de um vizinho – um adulto que, podemos supor, tinha autoridade sobre ela – não contou à sua família ou, se o fez, não foi bem recebida. É a capacidade desse segundo adulto em ouvir e dar sentido à experiência que condiciona a fala da criança ou seu silenciamento. "As crianças", escreve Ferenczi (1995) em seu *Diário clínico*, "não têm confiança em seus próprios pensamentos e ações, a não ser que estes sejam aprovados pelos pais" (p. 183), ou seja, oficializados pelas figuras de autoridade. A incapacidade do adulto em ouvir, e assim reconhecer a comunicação da criança sobre suas vivências, termina por gerar dúvidas sobre a própria realidade experimentada. O não reconhecimento age como uma negação, uma desautorização, que silencia. Como destacou Cassandra Pereira França (2010): "Em alguns poucos casos, a vítima do abuso sexual ousa tentar denunciar, mas nessas situações irá se deparar com o que acontece na maioria das famílias incestuosas: a mãe abaixa a cabeça, negando-se a enxergar a realidade" (p. 167). Noutros casos, a mãe é simplesmente incapaz, em virtude de sua constituição psíquica – suas próprias experiências infantis, fantasias e identificações –, de vislumbrar o sofrimento da criança. "A verdade dos fatos", continua França (2010), "se acomodará por entre as frágeis identificações que regulam as funções materna e paterna naquela família. Tentando proteger-se do julgamento do meio social, a palavra de ordem do par parental e dos adultos mais próximos será esquecer" (p. 167).

Como percebemos, para a capacidade de ouvir o que diz a criança, não é sem importância a relação entre o segundo adulto e o agressor; ou seja, o modelo passa necessariamente a implicar o vínculo entre os adultos que compõem o ambiente infantil e o modo como se comportam. Dito em termos que procurarei especificar na sequência, além de aspectos intrapsíquicos, o trauma ganha uma *formação* com elementos *intersubjetivos*, uma sequência de processos relacionados que terminam compondo uma *história* particular do trauma sexual infantil. São inúmeros os fatores que podem prejudicar a escuta da comunicação feita pela criança. Quando o abuso ocorre no ambiente familiar, reconhecer as percepções da criança pode significar profundo abalo nas crenças e fantasias a respeito da própria família, na identidade que cada membro construiu para si, como boa mãe ou bom cônjuge, por exemplo, ou como alguém capaz de proteger a criança. Conforme explicitou Cassandra Pereira França (2010), "Se um pai incestuoso quer tomar a filha para si, em geral ele é beneficiado por certa cumplicidade, consciente ou inconsciente, de sua mulher" (p. 167). Voltaremos mais uma vez ao ponto a seguir porque ele aproxima a dinâmica do trauma sexual de aspectos encontrados em outros tipos de trauma.

De acordo com Ferenczi (1932/2002, 1995), a confusão de línguas presente no abuso sexual causa um primeiro choque na criança: um estado prévio de confiança entre a criança e o adulto (logo, entre as posições que cada um ocupa e sua relação) é alterado devido à resposta excessiva, passional, que o adulto oferece aos endereçamentos amorosos da criança. Um segundo choque é causado pelo não reconhecimento por parte do ambiente, os outros adultos, das tentativas de comunicação e elaboração feitas pela criança. Cada choque, argumenta, causa uma cisão, uma divisão no Eu que rompe o sentimento anterior de uma identidade estabelecida. O "duplo choque" (Ferenczi, 1995, p. 182), composto pela violência e pela negação – ou não reconhecimento – posterior da experiência violenta, sustenta dois pontos de fixação que servem de eixo à compulsão à repetição nesses casos.

Lembremos como Abraham (1907/1927) notara em seu artigo o que chamou de "diátese traumatofílica", a tendência, em pacientes que viveram traumas, de recolocarem-se em situações nas quais poderiam sofrer, mais uma vez, experiências similares àquelas da infância, acrescentando novos traumas aos anteriores. Ferenczi (1995) considera essa compulsão à repetição como "uma renovada tentativa de *melhor resolução*" (p. 182), um exercício em busca de elaboração, reconhecimento e sentido utilizando o outro. As repetições traumatofílicas reproduzem a situação da confusão, da violência, e também as tentativas de comunicação, em geral fracassadas, feitas a figuras de autoridade. Daí a precisão que um autor como Christopher Bollas (citado por Cromberg, 2004) é capaz de usar ao descrever uma das dificuldades do trabalho clínico com pacientes que viveram experiências de incesto: "Uma das ironias dolorosas, embora libertadoras, do trabalho analítico com esse tipo de pessoa é que ela apenas deseja anunciar o ato de ter sido violada, como se isso fosse suficiente para explicar ou representar o trauma do abuso sexual" (p. 192). Sem dúvida não o é, mas a fixação no "anunciar", de caráter, ao mesmo tempo, traumatofílico e defensivo, é indicativo de como o não reconhecimento foi, ele mesmo, um choque.

Quem atende casos de violência sexual muitas vezes defronta-se com relatos que parecem concentrar o trauma exclusivamente no ato abusivo, no evento, ignorando a cena em que ele ocorre e a continuidade da formação traumática após o ato. Ao envolver outras figuras além da criança, as relações que estas mantêm entre si, e a possibilidade de não reconhecimento, a "formação traumática" (Dal Molin, 2016, p. 169) delineada por Ferenczi a partir da confusão de línguas, com seus elementos intersubjetivos, opera um movimento que vai "do trauma sexual ao trauma social" (Kupermann, 2015, p. 39). Em termos mais específicos, o modelo do trauma sexual ferencziano inclui um momento determinante, ligado a quem ocupa a posição responsável por ouvir o relato feito pela vítima da violência, que é o do reconhecimento, da atribuição de sentido, e da ocupação do papel de testemunha e porta-voz. Aspectos similares foram observados por pesquisadores voltados a traumas culturais.

O trauma cultural e a passagem à comunicação

O que acabamos de observar é o início de uma passagem que vai da dinâmica intersubjetiva encontrada na formação do trauma sexual aos operadores responsáveis pela organização sócio-histórica de traumas culturais. Quando delineamos os elementos fundamentais da formação traumática, como descrita por Ferenczi, encontramos três personagens, cada um ligado a uma posição: a vítima, o agressor e o potencial receptor da comunicação sobre a violência. Ao discutir a maneira como grupos sociais reagem ao sofrimento de outros grupos, Jeffrey C. Alexander (2004), professor de sociologia da Universidade de Yale, chama nossa atenção ao fato de que os grupos podem "recusar-se a reconhecer a existência do trauma do outro". E prossegue:

> *Negando a realidade do sofrimento dos outros, as pessoas não só tornam mais difusa sua própria responsabilidade pelo sofrimento, como frequentemente projetam a responsabilidade por seu próprio sofrimento nesses outros. Noutras palavras, negando-se a participar do... processo de criação do trauma, grupos sociais restringem solidariedade, deixando outros sofrerem sozinhos. (Alexander, 2004, p. 1)*

O não reconhecimento do segundo adulto a respeito do trauma sexual, do qual falou Ferenczi, ganha aqui um paralelo com o não reconhecimento do trauma de um grupo por outro. A vítima em sofrimento passa a ser responsabilizada também pelo sofrimento que pode existir nos ocupantes das outras posições. Poderíamos, com alguma liberdade, parafrasear Alexander, explicitando o paralelo: ao negar a realidade do sofrimento da criança, o adulto torna mais difusa sua própria responsabilidade pelo sofrimento e, negando-se a participar explicitamente do processo de criação do trauma, termina por potencializá-lo, restringindo a solidariedade e deixando que a criança sofra sozinha. Em alguns casos de trauma sexual no modelo ferencziano, o choque causado pelo não reconhecimento, pelo sentimento de "estar sozinho" (Ferenczi, 1995, p. 201), em completo desamparo, é vivido como algo mais terrível que o próprio abuso. Dito de outro modo, o isolamento gerado pelo sentimento de que não se pode contar com mais ninguém passa a funcionar como pedra angular do trauma, e interrompe as tentativas de comunicação e posterior elaboração de sentido.[4]

Alexander (2004) e seus colegas, a partir do estudo dos mais variados traumas culturais, argumentam que "eventos não criam, em e por si mesmos, traumas coletivos" (p. 8), ou mesmo, poderíamos acrescentar, traumas individuais. "Eventos não são inerentemente traumáticos. O trauma é uma atribuição socialmente mediada" (p. 8), que passa pelos outros envolvidos em sua formação. "A atribuição", prossegue o sociólogo, "pode ser feita em tempo real, enquanto o evento se desenrola; pode ser feita antes que o evento ocorra, como um adumbrar, ou depois que o evento ocorreu, como uma construção *post-hoc*" (p. 8).

---

4 Para uma discussão mais detalhada de como Ferenczi concebe o trauma, cf. Dal Molin (2016), em especial o capítulo 9.

Ponto central na discussão do professor de Yale é como se monta a organização narrativa a respeito do trauma – o modo pelo qual se ocupa a "lacuna entre evento e representação" (Alexander, 2004, p. 11) – por meio de quem recebe a comunicação e a transforma em reivindicação ou clamor (*claim*). A reivindicação é feita por um ou mais porta-vozes que carregam as "representações simbólicas – caracterizações – de contínuos eventos sociais" experimentados pelo grupo "sob a forma da realidade social, suas causas e responsabilidades pela ação que tais causas implicam" (p. 11). O porta-voz tem o objetivo de "projetar persuasivamente o clamor do trauma para a audiência-público" e, ao fazê-lo, "usa das particularidades da situação histórica, dos recursos simbólicos à mão, e dos constrangimentos e das oportunidades oferecidos por estruturas institucionais" (p. 12). Devemos ter cuidado epistemológico ao introduzir ideias de um campo em outro que não lhe é de origem, mas, para nossos propósitos – que visam a uma aproximação, e não a uma analogia direta –, a ideia de Alexander mostra-se útil quando identificamos, na dinâmica do trauma sexual, a existência ou a ausência de uma figura capaz de receber determinada comunicação sobre um evento disruptivo, transformá-lo em representação e retirá-lo do âmbito privado de manutenção da situação. Leia-se, oficializar a realidade experimentada pela vítima perante o grupo social ao qual ela pertence.

Na criação de grupos de trabalho sobre o trauma sexual, de entidades que procuram tornar públicos os casos de abuso, e, portanto, responsabilizar os agressores, a existência do porta-voz torna-se explícita. Todavia, a primeira possibilidade de comunicação, ou, poderíamos dizer, os primeiros sons do clamor por sentido, só pode ser ouvida a portas fechadas, quando, após a experiência, a criança, por vezes timidamente, procura a sua volta um receptor. O segundo adulto, como vimos, poderá ter essa função, ao modo da mãe da menina que sofreu a investida do encanador, no exemplo de Abraham; ou ser surdo à comunicação. Nesses casos, a sabedoria popular causa engano, e é preciso alterar o provérbio português: "O surdo *não* faz falar o mudo". O silêncio não resiste a ouvidos atentos, nem a portas abertas.

Referências

Abraham, K. (1927). The experiencing of sexual traumas as a form of sexual activity. In K. Abraham, *Selected papers of Karl Abraham* (pp. 47-63). New York: Brunner/Mazel. (Trabalho original publicado em 1907).

Alexander, J. C. (2004). Toward a theory of cultural trauma. In J. C. Alexander, R. Eyerman, B. Giesen, N. J. Smelser, & P. Sztompka, *Cultural trauma and collective identity* (pp. 1-30). Berkley: University of California Press.

Cromberg, R. U. (2004). *Cena incestuosa: abuso e violência sexual.* São Paulo: Casa do Psicólogo.

Dal Molin, E. C. (2016). *O terceiro tempo do trauma: Freud, Ferenczi e o desenho de um conceito.* São Paulo: Perspectiva.

Ferenczi, S. (2002). Confusion of tongues between adults and the child – The language of tenderness and of passion. In S. Ferenczi, *Final contributions to the problems and methods of psycho-analysis* (pp. 156-167). London: Karnac. (Trabalho original publicado em 1932).

Ferenczi, S. (1995). *The clinical diary of Sándor Ferenczi* (J. Dupont, ed.). Cambridge, London: Harvard University Press.

França, C. P. (2010). Incesto: os desígnios do Édipo consumado. In C. P. França (Org.), *Perversão: as engrenagens da violência sexual infanto-juvenil* (pp. 165-173). Rio de Janeiro: Imago.

Freud, S. (1950). Project for a scientific psychology. In S. Freud, *The standard edition of the complete psychological works of Sigmund Freud* (Vol. 1, pp. 283-397). London: Hogarth Press. (Trabalho original publicado em 1895).

Freud, S. (1953a). Three essays on the theory of sexuality. In S. Freud, *The standard edition of the complete psychological works of Sigmund Freud* (Vol. 7, pp. 123-243). London: Hogarth Press. (Trabalho original publicado em 1905).

Freud, S. (1953b). My views on the part played by sexuality in the aetiology of the neuroses. In S. Freud, *The standard edition of the complete psychological works of Sigmund Freud* (Vol. 7, pp. 269-279). London: Hogarth Press. (Trabalho original publicado em 1905-1906).

Freud, S. (1955a). Introduction to *Psycho-analysis and the war neuroses*. In S. Freud, *The standard edition of the complete psychological works of Sigmund Freud* (Vol. 17, pp. 205-215). London: Hogarth Press. (Trabalho original publicado em 1918).

Freud, S. (1955b). Beyond the pleasure principle. In S. Freud, *The standard edition of the complete psychological works of Sigmund Freud* (Vol. 18, pp. 2-64). London: Hogarth Press. (Trabalho original publicado em 1920).

Freud, S. (1962a). The neuro-psychoses of defence. In S. Freud, *The standard edition of the complete psychological works of Sigmund Freud* (Vol. 3, pp. 40-68). London: Hogarth Press. (Trabalho original publicado em 1894).

Freud, S. (1962b). Heredity and the aetiology of the neuroses. In S. Freud, *The standard edition of the complete psychological works of Sigmund Freud* (Vol. 3, pp. 140-156). London: Hogarth Press. (Trabalho original publicado em 1896).

86   TRAUMA, SILÊNCIO E COMUNICAÇÃO

Freud, S. (1962c). Further remarks on the neuro-psychoses of defence. In S. Freud, *The standard edition of the complete psychological works of Sigmund Freud* (Vol. 3, pp. 157-185). London: Hogarth Press. (Trabalho original publicado em 1896).

Freud, S. (2015). A instrução judicial e a psicanálise. In S. Freud, *Obras completas* (Vol. 8, pp. 285-299). São Paulo: Companhia das Letras. (Trabalho original publicado em 1906).

Freud, S., & Breuer J. (1955). Studies on hysteria. In S. Freud, *The standard edition of the complete psychological works of Sigmund Freud* (Vol. 2). London: Hogarth Press. (Trabalho original publicado em 1893-1895).

Kupermann, D. (2015). A "desautorização" em Ferenczi: do trauma sexual ao trauma social. *Cult, 205*, 39-45.

Masson, J. M. (Ed.). (1985). *The complete letters of Sigmund Freud to Wilhelm Fliess 1887-1904.* Cambridge, London: The Belknap Press of Harvard University Press.

Roudinesco, E. (2000). *Por que a psicanálise?* Rio de Janeiro: Jorge Zahar.

Salter, A. C. (2009). *Predadores: pedófilos, estupradores e outros agressores sexuais.* São Paulo: M. Books.

4. La imposibilidad de algunos niños de contar el abuso durante el tratamiento psicológico[1]

Susana Toporosi

Los psicoanalistas que trabajamos con niños y adolescentes que sufrieron abuso sexual nos encontramos hoy muchas veces con que nuestros diagnósticos y tratamientos psicológicos, para los que hemos estudiado y nos hemos formado durante muchos años, no son considerados a la hora de tomar decisiones sobre cuestiones que incidirán mucho en la vida de ese niño, por ejemplo, si se le va a respetar su pedido de no ver al padre abusador, o se lo va a obligar a lo que se llama "revinculación".

El abuso sexual infanto-juvenil es un analizador de nuestra sociedad patriarcal, en la que sigue teniendo mucho peso el modelo familiar basado en la autoridad y dominación del hombre blanco, adulto, heterosexual, sobre la mujer y los hijos. El patriarcado toma nuevas formas en el capitalismo neoliberal, teniendo consecuencias en nuestras prácticas. Las probadas herramientas psicoanalíticas para diagnosticar un trauma son muchas veces descalificadas.

---

1 Trabajo leído en la Jornada sobre abuso sexual infantil de la Fundación San Javier, realizada en la Ciudad de Buenos Aires en octubre 2015.

Si los más débiles en la cadena de poder, que son habitualmente la madre, el niño, y los profesionales tratantes, denuncian esa estructura de dominio y sometimiento, el Poder patriarcal a través de algunos jueces y juezas de familia, y de algunos defensores y defensoras de niños, establece una estrategia para desmentirlo: la madre y el niño tendrán que demostrar que no mienten y que no es falso lo que denuncian. El psicólogo o la psicóloga tendrán que demostrar que el abuso existió, partiéndose del supuesto de que es falso. La sospecha se establece sobre el que denuncia. Entonces: Si un niño dice y expresa de diferentes modos que le hicieron algo feo, pero no recuerda los acontecimientos (como efecto del traumatismo) y por lo tanto no los puede relatar con palabras, en cierto ámbito de la justicia se concluye que dicho abuso no existió. Por otro lado, si el terapeuta a lo largo del tiempo del tratamiento tuvo muchos indicios del abuso a través de lo que aparece en el juego, relatos o dibujos, puede ser descalificado en sus apreciaciones diagnósticas si el niño no lo contó con palabras en la cámara Gesell o a un perito del juzgado. Cada vez crece más entre jueces y juezas de familia y entre defensores y defensoras, el uso del "diagnóstico" del SAP (síndrome de alienación parental) provocando un fenómeno adverso a los avances logrados en maltrato y abuso sexual infanto-juvenil. El argumento de quienes sostienen el SAP es que los niños no fueron abusados, sino que repiten dichos de uno de sus progenitores, generalmente la madre, maniobra ésta para mantener al otro progenitor alejado de sus hijos. Para quienes sostienen el SAP, los niños mentirían, no habría que respetar sus manifestaciones, y por lo tanto habría que minimizar situaciones de abuso y maltrato denunciadas.

No pretendemos aquí descartar algunos casos en que esto realmente ocurra y que es diagnosticable para un terapeuta avezado, pero quienes trabajamos en este terreno sabemos que esos casos son la minoría.

El relato del abuso

Nos preguntamos: ¿Por qué un niño no puede, a lo largo de mucho tiempo, contar un abuso?

Cuando una experiencia que ingresó al psiquismo infantil es posible de ser metabolizada, digerida, el niño se la podrá olvidar después o sacarla del archivo de la memoria y recordarla. Pero es imposible que un traumatismo semejante como es la intromisión en el cuerpo y en la mente de un niño de sexualidad adulta por parte de alguien de quien se esperaba protección y cuidados, no provoque un efecto devastador. El niño habitualmente no puede metabolizar eso que ingresó a su psiquismo abruptamente. No tiene herramientas que le permitan absorberlo. Provoca un efecto desgarrador, y habitualmente es muy difícil, a partir de ese efecto traumático, que él pueda incorporarlo en el sistema de recordar-olvidar-volver a recordar.

En lo traumático el acontecimiento no se puede recuperar al modo de un recuerdo o una evocación. Viene, invade y se instala sin que el Yo pueda hacer algo para evitarlo. El pensamiento queda capturado. El psiquismo funciona requiriendo evacuación y expulsión inmediata de eso ajeno y perturbante. Por eso Silvia Bleichmar (2010) planteaba: "El traumatismo no es disponible para el pensamiento. El pensamiento es el que queda capturado a disposición del traumatismo" (p. 60).

En vez de recuerdos hablamos de reviviscencias. Lo vivido está siempre presente y reviviéndose. ¿Qué puede hacer el niño frente a eso?

O lo tiene todo el tiempo presente y le resulta enloquecedor.

O va a tratar de encapsular esa vivencia, o sea, aislarla para que quede totalmente apartada, como si nunca hubiera sucedido, a través de un mecanismo de escisión.

En relación a lo primero, es lo que desata muchos intentos de suicidio de adolescentes que se quieren matar para no soportar más esas reviviscencias traumáticas siempre presentes.

En relación a lo segundo, ese encapsulamiento es el que explica por qué muchas veces nos encontramos con madres que fueron abusadas en la infancia y nunca lo habían relatado, y a partir del develamiento del abuso de sus hijas, toman contacto con lo que habían escindido y lo relatan por primera vez. Ese apartamiento, esa escisión, tiene un costo alto porque empobrece al Yo. El sujeto no siente ni registra una serie de afectos que pudieran conectarlo emocionalmente con lo que tiene encapsulado para no reactivarlo. Esta también es la razón por la cual esas mujeres que encapsularon una vivencia traumática infantil no registran que sus hijas pueden tener riesgo de abuso sexual, y no las pueden proteger. No se trata de que sean cómplices o madres negligentes. Es una problemática ligada a cómo a veces no se procesa, a lo largo de muchos años, algo traumático.

Lamentablemente, la Justicia patriarcal muchas veces descalifica la denuncia de una madre cuando ella fue abusada en su infancia. El argumento es que si ella fue abusada seguro que ve en su hija un abuso que no existió y que tiene que ver con su propia historia.

Volvamos al niño.

¿Cómo podemos reconocer los terapeutas que ese niño o adolescente ha vivido una experiencia traumática, si ésta no está disponible a su memoria?

Generalmente lo podemos reconocer porque aparecen fragmentos de un real vivido, bajo la forma de trozos, pedazos, recortes no ensamblados, en medio de un juego, dibujo o relato. Un terapeuta formado en cómo funciona el psiquismo de un niño después de un traumatismo, va a poder reconocer esos indicios, que son trozos intactos de las escenas vistas y oídas en la situación que le resultó traumática, y a partir de allí va a poder ir construyendo una hipótesis y hacer una construcción acerca de qué vivencia atravesó ese niño. Esto es al modo de un arqueólogo que encuentra trozos de jarrones o piezas de cocina de una civilización antigua, y a partir de esos trozos puede realizar una construcción aproximada de cómo vivía esa civilización, cuál era la proveniencia de esos trozos rotos.

Es en el ámbito de un vínculo de confianza, de sentirse alojado y escuchado, de sentir que le creen, de sentir que su palabra o su juego son importantes, que un niño podrá desplegar su verdadera subjetividad y que el terapeuta podrá ir advirtiendo que ese chico vivió algo que fue como una bomba en su vida y en su cabeza.

Por eso es tan importante que el terapeuta del niño sea consultado por los jueces de familia y defensores, ya que es en el marco de un vínculo con continuidad que podrá establecerse la confianza para desplegar sus indicios, y el terapeuta, al modo de un arqueólogo, se irá acercando a reconstruir y dar sentido a lo que vivió ese niño.

Pero ¿qué pasa con el relato del abuso? ¿Puede terminar un tratamiento sin que el niño haya relatado alguna vez los acontecimientos?

Impossibilidad de relatar los acontecimientos del abuso en el tratamiento

Muchos tratamientos de niños transcurren sin que el niño hable, en todo su transcurso, de los acontecimientos del abuso, sin que él se los relate al analista. Los montos de dolor que implicaría nombrar lo que le hicieron y lo que él no pudo evitar que le hicieran, no son tolerables. Pero además, como efecto del traumatismo el Yo del niño está desorganizado.

El relato es una sistematización que requiere de una secuencia lógica que no está vigente. El niño tiene elementos, recortes, trozos, a los que él mismo no reconoce como provenientes de la situación traumática, y a los cuales no puede darles la coherencia que requeriría el relato.

El relato de los acontecimientos no suele ser un punto de partida, sino un punto de llegada, al cual a veces se arriba y a veces no.

¿Cómo será entonces el trabajo del analista?

El analista, a mi modo de ver, tendrá dos trabajos muy importantes y muy diferentes.

Uno será en el afuera de la sesión. Como profesional de la salud y como ciudadano tiene responsabilidades éticas cuando tiene sospecha de que un niño en diagnóstico o tratamiento fue abusado. En ese sentido tendrá que usar todos sus recursos para demostrar que ese niño vivió un traumatismo. El psicoanálisis nos provee de recursos sumamente confiables para detectar la presencia de lo traumático en el discurso verbal, en el jugar y en los dibujos.

Pero en esta oportunidad quiero poner el foco en la otra tarea del analista que será la de su trabajo clínico adentro del consultorio.

¿Ese Yo dañado por el traumatismo, que no puede recordar y olvidar para volver a recordar, que no puede relatar, y que realizó un encapsulamiento de las vivencias traumáticas, cómo se reconstituye?

Se reconstituye en el vínculo con otro que lo pueda suplementar. El analista funcionará como una matriz auxiliar de procesamiento para el Yo desorganizado del niño. A través del aporte del analista el niño irá procesando aquello que quedó escindido para ir reintegrándolo a su funcionamiento psíquico.

¿Cómo se irá dando ese proceso?

El analista ofrece de entrada su disponibilidad; un vínculo receptivo para con el niño. Esto vale mucho. Implica disponibilidad emocional, capacidad de identificación con el otro, capacidad de espera, una actitud de no juzgar ni rechazar. Lo aloja, está allí con su atención flotante esperando.

De pronto aparece algo que el chico trae.

Intervenciones clínicas frente a un traumatismo

Brenda de 11 años vive en un hogar con sus hermanitos. Fue abusada por el tío paterno y víctima de otros descuidos graves por parte de sus padres. Con respecto al abuso, cuando lo menciona dice: "No tengo ganas de hablar de porqué estoy en el hogar. Otro día te lo cuento".

En una sesión después de 2 meses de empezado el tratamiento, después de un rato en que estuvimos juntas, me contaba de un chico del colegio que le gustaba. Yo le hice un barquito de papel para poner allí mensajes que ella me contó que quería mandarle. En los últimos minutos de la sesión de repente me dice: "¡Qué dedos grandes que tenés en los pies! ¡Te los voy arrancar! ¡Los de los pies y los de las manos!". Me agarra las manos y empieza a hacer fuerza de modo que yo siento que me va a doblar los dedos mientras grita: "¡Te los arranco!", y se ríe con mucho sadismo. Yo lo transformo en un juego. Digo: "¡Ay! ¡Qué miedo que tengo! ¡Hay una bruja mala que me quiere arrancar los dedos! ¡Me da mucho miedo!".

Cuando siento que me puede lastimar en serio bajo el volumen de la voz para marcar que salgo del juego por un instante y le digo:

"Podemos jugar pero no podés ni lastimarte vos, ni lastimarme a mí, ni romper el consultorio".

Volvemos al juego de la bruja y la chica que estaba muy asustada, ofreciéndome yo para que a través mío tome contacto con su miedo. Ella ahora juega sin lastimarme hasta que se termina la sesión y le digo: "Es la hora, por hoy terminamos". Enseguida frena. Nos despedimos, me da un abrazo muy afectuoso y se va.

¿Qué pasó allí? Ella esperó un tiempo hasta que confió en que yo podría alojar su agresión y su sadismo. Cuando estuvo segura se animó a traer algo de lo que estaba disociado que ahora entraba al consultorio de una manera distinta a cómo habría ingresado a su psiquismo. Seguramente cuando ella vivió escenas con sus objetos originarios en las que fue víctima de sadismo y sintió terror, su Yo se sintió desbordado y estallado. Cuando ella lo trae al consultorio, el Yo de ella domina la escena y a través del juego, en el manejo omnipotente, puede comenzar a integrar eso que estaba disociado, haciendo la experiencia de la agresión y el terror dentro del juego.

¿Cómo lo hace? A través mío. Yo lo acepto y lo meto en un juego. A través mío que lo recibo, le doy forma y no lo rechazo, ella lo puede empezar a experienciar y a integrar, tomando contacto con lo que la aterroriza; se va más tranquila y me da un beso.

En las primeras sesiones un día me había pedido que yo la acompañara a vacunarse, en el hospital, junto a la cuidadora del hogar, porque tenía miedo a las vacunas. La acompañé. Se dispuso a recibir la vacuna. Al ver la jeringa de repente se le transfiguró la cara y con una mirada de odio a la enfermera empezó a gritarle: "¡Vos no me vas a hacer eso!". Se sacudía con fuerza y no paraba de gritar. Terminó en la imposibilidad de vacunarla.

Pienso que ella me pidió que la acompañara para mostrarme una parte de ella desencajada frente a algo que le produce terror.

Dos escenas que le atañen: ella aterrorizada y ella sádica, asustándome. Yo, la analista, como matriz del procesamiento de algo traumático escindido, que comienza a ser integrado a través de vivirlo conmigo adentro del consultorio. Alguna vez podremos hacer una construcción que enhebre esto que apareció con su historia.

La pregunta sería; ¿es indispensable que este proceso culmine en que ella pueda hablar de lo que siente que le hicieron y que, tal vez, ahora ella no puede dejar de repetir con otros? No es indispensable pero sería muy bueno que pudiera hacerlo alguna vez.

El analista, dentro del consultorio, tendrá el trabajo de generar un espacio en el que lo transicional en el sentido en que lo trabaja Donald Winnicott pueda advenir, y tendrá la importantísima tarea de proteger ese espacio contra las intrusiones, en la medida de sus posibilidades. El analista como barrera antiestímulo, cumpliendo una función que seguramente no pudieron cumplir sus objetos primarios.

Todo esto nos lleva a preguntarnos: ¿cómo podría un niño relatarle con palabras a un adulto que recién conoce, con quien no tiene un vínculo de confianza, en una cámara Gesell o en un peritaje, los acontecimientos del abuso? Este y otros problemas son aún verdaderos desafíos en el diálogo entre disciplinas en pos de visibilizar el abuso sexual infantil reconociendo y respetando la subjetividad de niños, niñas y adolescentes.

Bibliografía

Bleichmar, S. (2010). *El desmantelamiento de la subjetividad: estallido del yo*. Buenos Aires, Argentina: Topía.

Bleichmar S. (2010). *Psicoanálisis extramuros: puesta a prueba frente a lo traumático*. Buenos Aires, Argentina: Entreideas.

Carpintero, E. (2014, abril). El patriarcado neoliberal [nota de los editores]. *Revista Topía*, 70, 2.

Tagle, A. (2016). *Del juego a Winnicott: una revolución silenciosa.* Buenos Aires, Argentina: Lugar Editorial.

Toporosi, S. (2014, abril). Justicia patriarcal. *Revista Topía*, 70, 9.

Toporosi, S. (Org.). (2014). *Tramas da perversão: a violência sexual intrafamiliar.* Cassandra Pereira Franca (Coord.), Clínica del abuso sexual: lo traumático en el jugar, en el dibujo y en el discurso de niños y adolescentes. São Paulo, SP: Escuta.

Vaccaro, S. (2013, 15 de noviembre). *El pretendido síndrome de alienación parental: un instrumento que perpetúa el maltrato y la violencia* [presentación en jornadas "La verdad sobre el pretendido Síndrome de Alienación Parental (SAP)"]. Buenos Aires, Argentina: Desclée de Brouwer.

Winnicott, D. W. (1958). Desarrollo emocional primitivo. In D. W. Winnicott, *Escritos de pediatría y psicoanálisis.* Fitzrovia, London: Tavistock Publications. (Trabajo original publicado en 1945).

5. El modo de narrar el abuso sexual y la apropriación subjetiva del cuerpo en la adolescencia[1]

Adriana Noemí Franco et al.[2]

Introducción

Los objetivos planteados son:

a) caracterizar a partir de dos de los casos clínicos, unidades de análisis de nuestras investigaciones, las modalidades del narrar, contar, relatar el abuso sexual en sesión;

b) delimitar las posibles consecuencias del hecho traumático en el investimento libidinal del cuerpo y en la constitución subjetiva;

c) delimitar y diferenciar modalidades transferenciales a lo largo del tratamiento.

---

1 El presente trabajo se enmarca dentro de los Proyectos de Investigación Clínica "Apropiación subjetiva de la sexualidad genital en adolescentes que han sido abusados sexualmente en la infancia" (UBACyT 2011-2013) y "Modalidades de las transferencias de pacientes adolescentes que han sido abusados sexualmente en la infancia" (UBACyT 2013-2016).

2 La equipe de investigadores está compuesta por: Adriana Noemí Franco, Federico Eiberman, Graciela Woloski, Ivana Raschkovan, Laura Daniele Poverene, Maria Agustina Germade Calcagni, Maria Victoria Pucci, Nancy Mery Peñaloza e Susana Toporosi.

De acuerdo a los mismos se intentará responder a las siguientes preguntas: ¿Cuál es la importancia clínica de hablar-contar-narrar el hecho abusivo en el espacio terapéutico? ¿Cuáles son las consecuencias del abuso sexual en el investimento libidinal del cuerpo genital durante la adolescencia? ¿Que particularidades presenta el lazo transferencial? Y por último, ¿qué clase de intervenciones resultan terapéuticas en el trabajo de análisis con pacientes abusados sexualmente en la infancia?

Sobre los casos clínicos

Malena[3]

Malena al momento de la consulta tenía 20 años. Durante el tiempo en que se realizó el tratamiento, la joven vivía en un *hogar* convivencial para niños y adolescentes en riesgo psicosocial. Ingresó a vivir allí a los 11 años, privada del cuidado parental a causa de la detección de una situación de abuso sexual intrafamiliar por parte de un tío que vivía en su casa. Además de la negación de los progenitores frente a la situación de abuso, se detectaron actitudes negligentes respecto al cuidado y preservación de los niños.

En relación a los motivos de la consulta, la trabajadora social planteaba que era una joven muy dependiente, aniñada, que no se manejaba de manera autónoma. Acerca del cumplimiento de la higiene y tareas, necesitaba constante seguimiento por parte de los operadores. No quería salir sola a la calle, tenía estallidos de ira y enojo con sus pares y con los adultos que la rodeaban.

---

3 Caso aportado a las pesquisas por la Lic. Ivana Raschkovan.

Había hecho terapia anteriormente con otra psicóloga pero se negaba a concurrir porque creía que la terapeuta contaba "sus cosas" en el hogar.

Estaba medicada con un antipsicótico desde hacía varios años por conductas de impulsividad. Desde que ingresó a vivir al hogar tenía dificultades con los límites y el respeto a la autoridad.

Se mostraba muy inhibida y vergonzosa respecto de sus atributos femeninos. Se la veía desganada, con una fuerte inhibición del deseo en general y presentaba dificultades para establecer vínculos de amistad con pares. Tenía miedo de salir sola a la calle y le costaba concentrarse en la escuela, lo que interfería directamente en el aprendizaje.

Lucía[4]

Lucía consulta a los 19 años, relata estar muy angustiada y tener la idea de no vivir más y tomar pastillas. Siente la autoestima muy baja, y relata problemas con la alimentación: desde los 16 años come y luego va al baño a vomitar. Siente que tiene que ser perfecta, y que la felicidad está ligada a la perfección física. Siente no tener control de sus impulsos y ser muy susceptible a las opiniones de los otros a la vez de no tener una opinión propia.

Durante su adolescencia tuvo muchas dificultades de entablar vínculos de amistad con pares. Se masturbaba frecuentemente, era "como un refugio". Tenía un novio al llegar a la consulta que cuando se iba ella no podía recordar nada de lo que había pasado estando con él. En ocasiones sentía que su mente se le ponía en blanco.

---

4 Caso aportado a las pesquisas por la Lic. Susana Toporosi.

100 EL MODO DE NARRAR EL ABUSO SEXUAL...

En la primera entrevista relata angustiadamente que vivenció situaciones de abuso sexual por parte de su abuelo paterno. Las mismas se repitieron durante algunos años. Ubica con mucha culpa que sentía placer, pero que lo ocultaba, que por eso se siente una degenerada. El padre la dejaba al cuidado de sus abuelos, mientras su abuela cosía en la cocina, el abuelo abusaba de ella. Cuando pudo confrontar esto con su padre, él dice "yo hacía lo que podía".

Acerca del contar el abuso sexual

Se ha podido diferenciar cinco modalidades posibles de narrar/contar una situación traumática en el marco de un tratamiento psicoanalítico (Franco et al., 2013):

a) Contar y pensar el tema en relación asociativa a un padecimiento actual; b) Contar de forma catártica, es decir, con un afecto ligado y en dónde se descarga el mismo; c) Contar desafectivizadamente, hablar de los hechos sin carga afectiva, sin pensarlos o asumirlos como propios, tomando distancia de los mismos y que generalmente prima cierta disociación o escisión; d) Contar de modo compulsivo, repetición compulsiva vía las palabras; e) Modo de diferentes presencias clínicas: trozos de lo visto y oído en la situación traumática que irrumpe en medio de dibujos, juegos o relatos verbales, lo que Silvia Bleichmar (2009) define como la aparición de lo "indiciario".

En los casos clínicos objeto de nuestro análisis se observa:

En los primeros tiempos del tratamiento Malena relata el abuso sexual padecido por parte de su tío, de manera desafectivizada, como si no formara parte de su trama vital. Cuenta que vive en un *hogar* y ante la pregunta acerca de con quién vive allí, responde sin que pueda observarse en ella ningún signo de angustia:

Con todo el mundo, desde hace 9 años. Porque cuando era más chica mi tío abusó de mí. Eso me hizo perder la confianza. Todo empezó en la dirección del colegio, me llevaron a la dirección y me dijeron que me iban a trasladar a un instituto. Yo no sé cómo fue que se enteraron, yo no quería ir a un instituto.

Por otro lado, Lucía cuenta en las primeras sesiones con una gran implicancia emocional los acontecimientos del abuso que había sufrido por parte de su abuelo paterno y la connivencia de su abuela. Parecería ser que lo cuenta de manera catártica, con la angustia entramada a la vivencia del relato.

Moty Benyakar (2005) afirma que "no toda situación híper intensa genera una disfunción traumática y no toda disfunción se instala a través de un elemento único y claramente detectable" (pp. 18-19). Siguiendo esta conceptualización, llamaremos entonces *situación disruptiva* al hecho fáctico vivido; *vivencia* a lo intrasubjetivo; y *experiencia* a la articulación de ambas (Benyakar y Schejtman, 1998). Desde esta lógica entendemos por disruptivos a los acontecimientos que por sus características no pueden ser metabolizados por el trabajo psíquico, ya que su intensidad desborda la capacidad de ser integrados en la trama psíquica.

El trabajo terapéutico con Malena apunta a la elaboración de los hechos traumáticos, lo cual no implica eliminar la vulnerabilidad psíquica sino, en todo caso, llegar a construir una representación de la situación disruptiva ligada a un afecto. De cualquier manera, debemos aceptar que "La vivencia traumática nunca puede ser verdaderamente narrada" (Benyakar y Lezica, 2005, p. 124), siempre hay algo que se pierde, que queda por fuera de toda capacidad de poner en representación. Es decir, por medio del relato del hecho fáctico, en el contexto terapéutico, ante un otro que escucha, se alcanzarían mejores posibilidades de integración de ese núcleo no integrado al que no se llegaría por asociaciones del paciente. Consideramos que en la clínica de pacientes con estas vivencias traumáticas, compartir el hecho acontecido con el terapeuta o psicoanalista posibilitaría el proceso de transformarlo en experiencia en la medida que se pueda conectar el afecto, la angustia, con las representaciones. El psiquismo necesita de esta articulación para poder metabolizar dichas experiencias (Franco et al., 2012).

En esta dirección uno de los objetivos en el tratamiento psicoanalítico debería ser que los efectos patógenos, consecuencia del hecho traumatogénico y que producen sufrimiento psíquico, puedan disminuir al ligarse a un afecto. Esto permitiría incluir en la trama vivencial al abuso padecido como una vivencia penosa a ser elaborada y, al mismo tiempo, registrar que se ha vivenciado una situación traumática que quedó desarticulada de la trama afectiva.

En el caso Lucía, desde el comienzo del tratamiento narra con intenso afecto el evento disruptivo del abuso, entendiendo lo disruptivo de acuerdo con Benyakar (2003-2006) como todo evento o situación con la capacidad potencial de irrumpir en el psiquismo y producir reacciones que alteren su capacidad integradora y de elaboración. En el tratamiento se apunta entonces a la elaboración de los efectos patógenos que fueron consecuencia del mismo: un intento de suicidio, un aborto, un trastorno alimentario en el que reproducía un circuito de atracones, culpa y vómitos motorizados por la misma.

Las situaciones traumatogénicas parecen recuerdos al ser contadas, pero al no poder ligar afecto y representación producen sensación de vacío y no pueden procesarse como recuerdos. Es parte de las metas a alcanzar en el trabajo psicoanalítico, que estas escenas puedan ser transformadas en recuerdos penosos y luego reprimidas. En una sesión, Malena expresa: "No quiero trabajar, no me interesa, en el hogar quieren que yo trabaje pero yo no quiero, quiero estudiar y después cuando termine recién ahí voy a trabajar". Ante la pregunta acerca de en qué le gustaría trabajar, responde: "No sé, nada me interesa, a lo mejor cuidar bebés, pero no sé. No me interesa nada, ni mis amigas, no me siento bien con ellas. Es como que me falta algo; quisiera sentirme más… Es como que no estás en el planeta, me siento vacía".

En el mismo sentido se puede pensar la sensación de Lucía de tener la mente en blanco. Los agujeros en la memoria, se podrían entender como expresiones de la falla del proceso de articulación consecuencia de la vivencia traumática.

Consideramos que es una función importante del trabajo de análisis transformar las escenas desgajadas en recuerdos penosos, para que desde allí el sujeto pueda elaborar lo real acontecido. Podemos observar cómo a medida que el tratamiento avanza, Malena va pudiendo conectarse afectivamente con los hechos acontecidos. En una sesión, ya más avanzado el trabajo terapéutico, expresa: "Qué pelotuda que fui, lo tendría que haber denunciado a mi tío. Pero yo era una pibita de 13, 14 años en ese momento, tenía miedo. Ahora siento bronca, fue un pelotudo".

Hacia los últimos momentos del tratamiento, Malena luego de un proceso de trabajo que duró alrededor de un año y medio, pudo modificar la modalidad, la forma en la que relataba el suceso de abuso. Podríamos pensar que logró ligarlo, contarlo de manera diferente. Por un lado, logra poner en cadena asociativa la vivencia y sus consecuencias como algo que la afectó. Por el otro, logra asociar un afecto a la experiencia traumática y relatarlo angustiadamente.

Llegado este punto, resulta necesario aclarar que los tratamientos no estuvieron centrados ni enfocados en trabajar puntualmente el hecho del abuso, sino en lo expresado por la paciente acerca de su padecimiento.

Podemos conjeturar que lo traumático para Malena no lo constituye únicamente el abuso sexual padecido, sino también las consecuencias del mismo: haber sido separada de su familia, haber sido institucionalizada y no haber vuelto a vivir en el contexto del seno familiar. Es decir, que en su problemática se superponen otras vivencias traumáticas producto de la violencia intrafamiliar y de las negligencias en relación al cuidado inicial, además del abuso y sus consecuencias. Dimensiones disruptivas diferentes que se potencian pero que a su vez tienen autonomía.

Lucía no consulta por el abuso en sí, sino por lo que consideramos sus efectos: gran angustia, ideas de muerte, problemas con la alimentación: bulimia, baja autoestima, dificultades para entablar vínculos, la relación con su padre.

Secuelas posibles en el cuerpo y en los vínculos

La construcción subjetiva del cuerpo y del psiquismo, se da en un largo y complejo proceso. Piera Aulagnier (1977) plantea que es en el encuentro con el cuerpo materno donde se inaugura el cuerpo y el aparato psíquico. El *pictograma* es el representante de este encuentro como elemento de información específica del proceso originario y encargado de enraizar lo psíquico a lo somático, siendo de fundamental importancia la cualidad del afecto para determinar si se constituirá un pictograma de fusión o rechazo. Ricardo Rodulfo (1999) ubica a la "caricia" como emblema de las experiencias de vivencias de satisfacción, a través de las cuáles se arma la subjetividad de un individuo. La "caricia" es en sí misma un hecho concreto, pero al mismo tiempo implica un acariciar con la mirada, con la voz, con los olores. Así, ambos autores concluyen en la importancia que conlleva el encuentro con los otros como acontecimiento fundante y base de la subjetividad. Asimismo coinciden en el trabajo constante de estructuración psíquica que realiza un sujeto, es decir, que la construcción del cuerpo y del psiquismo no culmina en la niñez o en la adolescencia.

Philippe Gutton (1993) diferencia entre trabajos puberales y adolescentes. Los primeros vendrían a ubicarse bajo la lógica del proceso originario, es decir, son los encargados de la representación en el psiquismo de este nuevo cuerpo genitalizado, de investirlo libidinalmente. El púber debe des-investir a los padres de la infancia, construir las escenas puberales, que luego serán sepultadas, para abandonar finalmente a los padres edípicos y hallar al objeto adecuado, extra-familiar y suplementario. Estas escenas se pueden constituir, siempre y cuando, los padres y adultos respeten la prohibición del incesto, si se mantienen físicamente lo suficientemente lejos.

En los dos casos presentados el abuso sexual fue en el seno de la familia, por tanto estamos en presencia de una trasgresión a la prohibición del incesto.

Entendemos prohibición del incesto siguiendo a Silvia Bleichmar a la prohibición de la intromisión de un adulto, con el fin de obtener un goce sexual, en el cuerpo de un/a niño/a.

En una sesión Malena cuenta acerca de la razón por la que fue trasladada al hogar: *"Yo no sabía que era por lo que pasaba con mi tío, él todo el tiempo me decía que era algo común, que era un juego"*. Cuando la analista le pregunta si su mamá sabía sobre esto que pasaba, responde: "Sí, ella se dio cuenta de todo. Yo una vez la llamaba desde mi habitación y ella no me contestaba. Después habló conmigo y me dijo que eso que hacíamos era algo normal pero no entre familia".

Respecto a la representación en el psiquismo del nuevo cuerpo metamorfoseado por la pubertad, podemos pensar e interrogarnos acerca de las consecuencias que el abuso sexual sufrido por Malena y Lucía cuando eran niñas, conlleva para la inscripción del cuerpo genital en la adolescencia.

En Malena, la vivencia física padecida en su cuerpo ha afectado profundamente su subjetividad, interfiriendo en la capacidad de inscribir su genitalidad, de establecer vínculos confiables con otros y con el mundo. La desconfianza hacia los demás, el aislamiento, el repliegue, el miedo a estar sola, dan cuenta de fallas en las funciones parentales en tanto sostén y como encargados de transmitir la prohibición del incesto, protegiendo a Malena de la intrusión temprana de una sexualidad que su aparato psíquico no estaba aún en condiciones de tramitar. La vergüenza hacia los rasgos femeninos de su cuerpo, las fallas en la escritura libidinal del mismo, la inhibición del deseo sexual, las dificultades para encontrar un objeto sexual acorde durante la adolescencia, nos muestran las grietas producidas en el proceso de la construcción de este nuevo cuerpo genitalizado.

Respecto de Lucía, consideramos que el placer sentido en la situación de abuso, generó un sentimiento de culpa y vergüenza que se expresa en la producción de una sintomatología con características auto-agresivas al nivel de lo corporal como el intento de suicidio y el trastorno alimentario. A partir de la irrupción de la pubertad y la genitalización del cuerpo sexuado, las marcas del abuso tomaron un matiz diferente y dejaron huellas en el cuerpo que desbordaba a la adolescente. Pareciera ser que mediante los atracones y vómitos que aparecen en la adolescencia, Lucía buscaba purgar algo del cuerpo puberal genitalizado que se anclaba a las huellas del abuso.

Placer, goce e inhibición

A lo largo del proceso de investigación, se ha podido ubicar de manera general al menos dos posibles manifestaciones de las consecuencias del abuso sexual sufrido en la infancia. Por un lado, ofrecer el cuerpo para goce del partenaire de modo anestesiado al placer propio y al juego sexual subjetivante, y por el otro, una fuerte inhibición del juego sexual y del vínculo placentero con pares. La pubertad y sus cambios en el cuerpo, exigen del púber un trabajo psíquico de inscripción y apropiación subjetiva de ese nuevo cuerpo ahora genitalizado y potente. Para poder realizar estos trabajos, deberá des-investir el cuerpo de la infancia, y libidinizar el nuevo cuerpo púber. Para ello, necesita de sus pares, grupo de amigos, amigo íntimo y del primer enamoramiento generalmente homoerótico (Gutton, 1993). A partir de identificarse con su par, libidinizar su cuerpo y a través de la mirada deseante del otro, es que podrá investir libidinalmente su propio cuerpo y alcanzar una identidad sexual eligiendo un objeto sexual adecuado y no incestuoso. Para poder alcanzar esta meta, los adultos significativos deberán tomar distancia y alejar la amenaza incestuosa (Franco, 2001).

En el caso de Malena, encontramos que al ser una persona de su entorno afectivo quien cometió el abuso, la mirada deseante del par, en lugar de investir libidinalmente al nuevo cuerpo genitalizado, al ligarse a la mirada del abusador, tiene un efecto arrasante hacia lo placentero del cuerpo, la sexualidad y el encuentro con el partenaire. La mirada del otro se vuelve persecutoria y peligrosa. Esto interfiere no sólo en la construcción libidinal del cuerpo sino también en la posibilidad de entablar vínculos duraderos y de confianza con otros. El tema de la confianza ha sido un eje central y un desafío para el tratamiento, ya que no presentaba antecedentes en cuanto a la posibilidad de confiar en otra persona, punto esencial para la emergencia de la transferencia.

En el caso de Lucía tampoco podía construir amistades con quienes cursar los trabajos puberales y adolescentes, para ella todas las relaciones de amistad se "sexualizaban", tampoco confiaba ni salía con pares. Luego de años de tratamiento pudo entablar vínculos de amistad y confianza.

A los dos años de comenzada la terapia, Lucía relata una escena en la cual refregó sus genitales en la cola de su hermano menor. Dice sentirse muy culpable por esto, estar preocupada por si esto lo pudo afectar a él y dice no poder sentir placer en nada de la sexualidad.

Modalidades de la transferencia

Definimos las modalidades de la transferencia como el campo de los fenómenos clínicos, las particularidades que toma el lazo del paciente con el dispositivo del tratamiento y con el profesional que lo atiende. Nos referimos al cómo, cuándo, dónde, bajo cuáles condiciones y circunstancias se instala y desarrolla el lazo con el tratamiento.

Malena en la primera entrevista, cuando se le pregunta si sabe por qué viene, refiere que la mandan desde el hogar. Asistir al espacio sería una obligación, aunque ya en los primeros encuentros pudo ubicar cuestiones que le resultaban problemáticas y que le gustaría resolver o cambiar: sus estallidos de enojo, sus celos, la relación con su hermano y el desgano generalizado. Podemos decir que es en este punto donde ubicamos la instalación de la transferencia, ya que si bien el pedido de tratamiento es solicitado por los referentes del hogar en que vivía, Malena pudo formular una demanda que parte de ella.

Una vez iniciado el tratamiento, comienza a faltar a las sesiones argumentando olvidarse de asistir o incluso a veces por no tener ganas. Leemos estas ausencias como fenómenos transferenciales, ya que los síntomas que ella presentaba al comienzo del mismo como el desgano y la falta de autonomía, empiezan a desplegarse en relación al trabajo de análisis; por lo general las sesiones a las que no concurría eran las que tenía que asistir sin acompañante.

Serán dichas dificultades transferenciales las que interfieren en el sostenimiento del proceso terapéutico, en repetidas oportunidades faltaba a las sesiones sin previo aviso, ante lo cual la terapeuta se comunicaba telefónicamente y la joven le decía no haber asistido porque no tenía fuerzas para levantarse de la cama. Se evidencia el arduo esfuerzo que le implicaba asistir al espacio psicológico a causa del estado anímico depresivo que la aquejaba.

Si la terapeuta se tomaba licencia durante las vacaciones o si por alguna razón suspendía una sesión, este hecho repercutía directamente en la transferencia poniendo seriamente en riesgo la continuidad del trabajo terapéutico, ya que le resultaba muy dificultoso retomar el espacio de tratamiento. En repetidas ocasiones, se decidió intervenir llamándola por teléfono y ofreciéndole asistir al hogar en el que ella vivía; visitas que la adolescente aceptaba con cierta expectativa. En algunas oportunidades las sesiones se llevaron a cabo en el hogar y en otras, la terapeuta simplemente iba a visitarla, a hacerse presente, lo cual permitía que después la joven pudiera volver a insertarse en el encuadre habitual. Estas intervenciones estaban orientadas a construir la *categoría de no-presencia*, lo cual siguiendo a Ricardo Rodulfo (2009) diferenciamos de la *ausencia*. Es decir, que el otro no desaparece cuando deja de estar presente, sino que sigue estando a través de la capacidad de ser representado en ausencia mediante la construcción de imagos. Podemos pensar que esta categoría no estaba instalada en Malena, por lo cual la ausencia de la analista era el equivalente a su desaparición, tal como sucedió con su familia.

Por otro lado, entendemos que estas dificultades para asistir a sesión tras la no presencia de la analista, eran un modo de reaccionar retaliativamente a su ausencia. Consideramos que no haber respondido a sus ataques, si no contrariamente, que la analista asistiera al hogar a hacerse presente, forma parte de lo que Donald Winnicott (1971-1979) llama la *supervivencia del objeto* a su destrucción. El hecho de que el objeto sobreviva a los impulsos destructivos, es decir que no tome represalias, es condición necesaria para que el sujeto pueda pasar de la relación de objeto al uso. La capacidad para usar a la analista constituye en este caso uno de los fines del análisis en sí mismo.

Como mencionamos anteriormente, desarrollar la capacidad de confiar fue una de las tareas principales en el ámbito transferencial durante el tratamiento de Malena, así como en el de muchos niños y niñas que han vivenciado situaciones similares. Así, podríamos pensar que el hecho de que el acento no estuviera puesto en que Malena cuente nuevamente la situación del abuso sexual, favoreció a la instalación de la confianza. Este tema estuvo presente durante todo el tratamiento, de hecho por momentos ella ponía a prueba a la terapeuta contándole cosas y pidiéndole que en el *hogar* no se enteraran. Estas confidencias no eran menores sino todo lo contrario, muchas veces implicaban situaciones de riesgo para ella y requerían maniobras transferenciales para que ella pudiera hablarlas en el hogar. En las primeras entrevistas cuenta acerca de un tratamiento anterior: "Ya tuve otra psicóloga pero no le tenía confianza porque contaba todo en el hogar. Quiero hacer terapia con alguien a quien le tenga confianza".

Mathias Hirsch (1997) considera que a pesar de que "el poder traumático debería ser revivido en transferencia, la terapia psicoanalítica no siempre significa interpretación permanente de transferencia, más bien es indicada la actividad de sostener, confirmar y valorar" (p. 681). En este sentido, podríamos pensar que el eje de este tratamiento psicoanalítico estuvo en brindar, tal vez por primera vez, un vínculo transferencial confiable.

El tratamiento de Lucía estuvo signado por un trabajo distinto en torno a la transferencia. Desde un principio la adolescente concurre con un deseo y demanda de tratamiento, puede relatar angustiadamente la situación de abuso y asociar en torno a ella, incluso trayendo un sueño en la segunda sesión. Pudo instalarse, aunque con gran esfuerzo, trabajar en el marco del tratamiento analítico mediante la asociación y construyendo un espacio y un vínculo de confianza. Hacia el final del tratamiento cuando se había planteado la posibilidad de cierre, Lucía comenzó una relación con un joven, que la sometía situaciones de riesgo, exponiéndose a sí mismo y a ella. La terapeuta, preocupada, se preguntaba si se trataba de un fracaso terapéutico. Eran tan intensas las vivencias de peligro y exponerse a riesgos que la analista tenía la impresión de haber vuelto a los primeros tiempos del tratamiento. Sin embargo, Lucía comenzó a hacer aquello que no podía hacer en los comienzos: poner un límite, un freno a los maltratos de su novio. Éste para no perder la relación con ella, cambia su conducta. La finalización, a pesar de estos eventos y vivencias de los últimos meses, tuvo el valor de una intervención: apostar a que la terapeuta confiara en sus transformaciones. Así, dentro del marco de la relación transferencial, la joven pudo enfrentar y defenderse frente a situaciones de violencia, donde antes quedaba como objeto de goce del otro.

112 EL MODO DE NARRAR EL ABUSO SEXUAL...

A *modo de conclusión clínica*

En un principio, es importante señalar que lo traumático no es necesariamente la vivencia de abuso sexual, sino que es importante contemplar las consecuencias del mismo tanto en la vida cotidiana y la repercusión familiar, como en los trabajos psíquicos a realizar y en los vínculos sociales. En ocasiones hay dos dimensiones de lo traumático que se juntan y potencian. Asimismo, es fundamental poder delimitar los efectos de la vivencia de abuso sexual que se pueden expresar de diferentes formas dependiendo de cómo fue el evento disruptivo, la respuesta del ambiente, los mecanismos de defensa y recursos con los que contaba.

En principio podríamos deslindar que lo traumático para Malena no sería sólo la vivencia del abuso sexual, sino que podríamos incluir la negligencia en el cuidado parental, la falta de un ambiente facilitador y el alejamiento del ámbito familiar, hechos que derivan en la institucionalización de la joven. En otras palabras, podríamos sostener que hay dos dimensiones de lo traumático que se juntan y potencian (esto se repite). El abuso sexual aparece sólo como el título, lo llamativo, algo que podría encandilar el proceso terapéutico y hacer de Malena "la abusada", denominación que ella dice temer y no querer ser reconocida como tal. En segundo lugar, el hecho de haber sido separada abruptamente de su entorno y su institucionalización.

En los inicios del tratamiento, como ya hemos mencionado, Malena relata desafectivizadamente la situación de abuso sexual, pero al mismo tiempo, cuenta los malestares, las preocupaciones actuales, lo que le pasa en el momento. Se vuelve prioritario diferenciar "de qué sufre", los síntomas o lo sintomático en sentido amplio, *y* "qué le pasó", el hecho fáctico. De esta manera, el tratamiento no estuvo centrado en el abuso, sino en lo que la paciente traía al espacio y en sus vivencias actuales como los enojos, las peleas, los celos y sus dificultades para sostener actividades y pensar en su futuro.

A pesar de su edad cronológica, Malena no estaría cursando los trabajos psíquicos propios de la adolescencia. Lo cual, frente a la necesidad del hogar de que se prepare para el egreso del mismo es una gran dificultad, ya que a la joven le es imposible lograr sostener una actividad o bien, imaginar algún tipo de futuro. Ella afirma que no puede cuidarse a sí misma ni tampoco siente que tenga a alguien afuera en quien contar para que la cuide. No se imagina sola ni tampoco volviendo a la casa de su mamá, por lo que se le hace difícil pensar en la posibilidad de trabajar, de saber qué le gustaría hacer. No hay proyectos. Un tema a trabajar con Malena es que tiene que haber algo que le guste. No se produjo en el período adolescente una sustitución de figuras idealizadas o de figuras con algún ideal, quedó ahí como detenida en un pasado al que no quiere volver pero tampoco hay proyecto anticipatorio; no puede pensar en el futuro. El arrasamiento subjetivo que sufrió, implicó un estancamiento en su desarrollo e interfirió en la capacidad de vincularse y confiar en los otros, lo que se expresa en toda su sintomatología y en la dificultad de Malena para realizar actividades, comprometerse con las mismas y disfrutarlas. Hacia el final de este tratamiento, empieza a aparecer la posibilidad de investir libidinalmente el futuro, pensarse haciendo algo e imaginarse como adulta.

Finalizando, podríamos afirmar que lo terapéutico en este caso es el vínculo con la analista, en términos de inaugurar un lazo al otro de forma inédita, sin antecedentes en la historia de esta paciente, que quedarán a modo de herencia como marcas subjetivantes. Queda pendiente confirmar como hipótesis para un próximo trabajo, si este vínculo terapéutico signado por la confianza es generalizable como modalidad de trabajo para otros pacientes con

114   EL MODO DE NARRAR EL ABUSO SEXUAL...

problemáticas similares. A modo de reestablecer algo de los vínculos con los otros que ha sido ultrajado a partir de, por un lado, la vivencia de la situación traumática, y por el otro, por la falla del ambiente facilitador. El o la analista como matriz de procesamiento de las mociones que la adolescente rechaza de sí misma o de sus objetos primarios, para que éstas puedan ser alojadas, transformadas y devueltas de un modo tal que ella pueda integrarlas.

Bibliografía

Aulagnier, P. (1977). *La violencia de la interpretación*. Buenos Aires, Argentina: Amorrortu.

Benyakar, M., & Lezica, A. (2005). *Lo traumático, clínica y paradoja* (Tomo 1). Buenos Aires, Argentina: Biblos.

Benyakar, M., & Schejtman, C. (1998). Salud mental de los niños en guerras, atentados y desastres naturales. *Posdata Revista de Psicoanálisis*, año II, (3), 9-20. Buenos Aires: Homo Sapiens.

Benyakar, M. (2003-2006). *Lo disruptivo*. Buenos Aires, Argentina: Biblos.

Bleichmar, S. (2009). *Inteligencia y simbolización*. Buenos Aires, Argentina: Paidós.

Bleichmar, S. (2010). *El desmantelamiento de la subjetividad: estallido del yo*. Buenos Aires, Argentina: Topía.

Franco, A. (1995). *La niña púber* (Material de uso interno de la Cátedra Clínica de Niños y Adolescentes). Facultad de Psicología, Universidad de Buenos Aires, Buenos Aires.

Franco, A. (2001). *Los espacios de (en) la adolescencia*. Recuperado de http://www.psi.uba.ar/academica/carrerasdegrado/psicolo-

gia/informacion_adicional/electivas/043_ninos_adolescentes/
material/fichas_catedra/espacios_adolescencia.pdf

Franco, A. et al. (2012). Función, valor y efecto de los relatos sobre el abuso sexual infantil en el contexto de los tratamientos psicoanalíticos con púberes y adolescentes. In *Memorias del IV Congreso de Investigación y Práctica Profesional*. Buenos Aires: Facultad de Psicología da Universidad de Buenos Aires.

Franco, A., Gómez, V., Toporosi, S., Germade, A., Santi, G. Woloski, G., Peñaloza, N., ... Raschkovan, I. (2013, enero). Abuso sexual infantil y el investimento/desinvestimento libidinal del cuerpo sexuado genitalmente. *Anuario de Investigaciones*, *20*(1). Recuperado de http://www.scielo.org.ar/scielo. php?script=sci_arttext&pid=S1851-16862013000100004&lng =es&nrm=iso

Gutton, P. (1993). *Lo puberal*. Buenos Aires, Argentina: Paidós.

Hirsch, M. (1997, December). Psychoanalytic therapy of sexually abused adolescents. *Prax Kinderpsychol Kinderpsychiatr, 46* (10), 681-95.

Rodulfo, R. (2004). *El psicoanálisis de nuevo*. Buenos Aires, Argentina: Eudeba.

Rodulfo, R. (2009). *Trabajos de la lectura, lecturas de la violencia*. (pp. 111-151). Buenos Aires, Argentina: Paidós.

Toporosi, S. (2000, marzo). Diagnóstico del abuso sexual: lo indiciario como marca del traumatismo. *Topía*, *3*(3), 14-15. Recuperado de https://www.topia.com.ar/articulos/ diagn%C3%B3stico-del-abuso-sexual

Winnicott, D. W. (1971-1979). Realidad y juego. Barcelona, España: Gedisa.

Winnicott, D. W. (1989-1991). *Exploraciones psicoanalíticas I*. Buenos Aires, Argentina: Paidós.

6. O brincar e o indizível na clínica do abuso sexual infantil

Heitor Amâncio de Moraes Castro

A clínica psicanalítica com crianças que sofreram abuso sexual nos confronta com desafios muito específicos. Como todo caso em que o elemento traumático esteja envolvido de forma mais significativa – digo "mais significativa" porque, de certa forma, todo psiquismo se funda sob o aspecto traumático decorrente da passividade primária –, os desdobramentos da análise se chocam fortemente contra os limites da linguagem. Isso porque o traumático está situado justamente no núcleo duro do montante pulsional que resiste às tentativas de tradução, significação e simbolização. Ali impera uma passividade mortífera, uma angústia impensável, jazigo da alteridade radical que, implantada no próprio psiquismo, não coaduna nem dialoga com as representações que o compõem. Trata-se da "pulsão sexual de morte", que o contamina com sua agressiva virulência, engatilhando defesas específicas, mais arcaicas, como a clivagem e a identificação com o agressor. São justamente essas defesas que, se por um lado salvaguardam a sobrevivência do ego, por outro, não o fazem sem conservar o núcleo traumático patológico.

118 O BRINCAR E O INDIZÍVEL...

O traumático é, então, exatamente a voz enigmática de uma irredutível alteridade instalada na intimidade do eu, cuja mensagem não pode ser assimilada. O trauma é um ponto nevrálgico dentro do aparelho psíquico que ameaça a experiência de continuidade do ser. É fonte de pulsão, na medida em que mobiliza continuamente a energia psíquica – a libido. Mas não aceita ser tratado como sói acontecer com as representações recalcadas. A lida com o elemento traumático muitas vezes esbarra no silêncio irredutível; ele não escapa como atos falhos, não utiliza de uma linguagem clandestina para retornar e expressar uma mensagem incômoda, mas definida. Atua mais como um centro gravitacional que aprisiona num *moto perpetuo* ações estereotipadas, compelidas à repetição, indóceis à significação, incapazes de fala. Não há nada sendo simbolizado: é o puro silêncio que grita, inquieto. Isso ocorre porque o que está em questão está muito próximo de uma situação originária, primordial, portanto a-histórica. O que não implica um purismo, longe disso; senão que "cai" como "coisa inédita" – no sentido de não ser coeso com o sistema de representações e, portanto, não ser passível de ser "re-conhecido" – num contexto hermenêutico inepto para apreender essa situação, no qual se mistura e que, em certa medida, ameaça sua coerência.

A compreensão do aspecto traumático no abuso sexual deve ser entendida segundo esse prisma. Ferenczi (1933/2011), um psicanalista húngaro e importante colaborador de Freud, expressou essa situação hermenêutica em seu famoso texto "Confusão de línguas entre os adultos e a criança", no qual expõe a tese de que a irrupção passional numa relação em que vige (ou deveria viger) a linguagem da ternura ocasiona uma intensa comoção psíquica que sobrepuja a capacidade da criança de resistir. Num segundo momento, a indisponibilidade dos adultos mais próximos e mais confiáveis (que são os responsáveis por ajudar a criança a entender e organizar suas experiências) para lidar com esse enigma –

descartando-o como farsa, tolice ou qualquer outro motivo – é o que consolida a malha que encapsula e emudece a mensagem contida na violenta sexualidade do abusador. Dessa forma, estão postas as condições para a instalação do trauma, justamente a partir da impossibilidade de comunicar/elaborar a impressão causada pelo ocorrido, tornando-a inteligível, integrável.

Mas não sejamos tão ingênuos. Não é por acaso que o abuso sexual poderia aparecer como "tolice" da criança. Mesmo que seja ouvido, não é questão de ser simplesmente acreditado. O enunciado da cena tem em vista uma demanda: o ouvinte é chamado a efetuar a *réverie*, a metabolizar o conteúdo pulsional da cena e a devolvê-la de forma assimilável. Noutras palavras, o ouvinte deve testemunhar e lidar com a comoção psíquica ocasionada pelo abuso. Onde o ouvinte falha pode bem ser onde as palavras encontram seu limite: são operações psíquicas que exigem não apenas uma compreensão intelectual, mas uma capacidade psíquica para lidar com o ímpeto da sexualidade assim tão crua, tão próxima da passividade originária. Esse ouvido deve ser capaz, por sua vez, de compreender – digerir, transformar e então assimilar uma carga pulsional mortífera. O que está em jogo é a sua própria capacidade para suportar e integrar a angústia. Isto é o que fica de fato silenciado na cena de abuso. O psicanalista é, então, convocado a assumir justamente esse lugar na escuta. Segundo Cromberg (2001):

> *O trabalho analítico aqui, como sempre, é descondensar, promover ligações psíquicas. O percurso a refazer para ligar psiquicamente uma experiência de estupro, que é traumática, é refazer o percurso da sexualidade para ele incluir o estupro como uma violência sexual. É o único caminho psíquico. Parece que é todo o percurso da sexualidade que deve funcionar para ligar esse*

120 O BRINCAR E O INDIZÍVEL...

> *montante de excitação desligada. São fantasias sexuais que vão ligar psiquicamente... de alguma maneira, há a conjunção com a fantasia sexual inconsciente... já que para a pulsão sexual, que se expressa numa representação fantasística do inconsciente, o que importa é encontrar um objeto parcial que a satisfaça na realidade ou na fantasia; ela, portanto, aproveita a situação. Refazer todo o percurso da sexualidade para sexualizar o evento, seja sexualizado enquanto uma invasão do outro, portanto, com aquilo que é enigmático das razões ou desrazões sexuais do outro, ou enquanto ligação dessa excitação com as próprias fantasias, para depois se ficar com a percepção de um ato de violência. A percepção e confronto com o algoz como última etapa. (pp. 96-97)*

A escuta do traumático implica, dessa forma, "refazer o percurso da sexualidade", a fim de ligar o excesso pulsional mobilizado pelo abuso, historicizando-o e alocando-o no horizonte de sentido que é o mundo da criança. Segundo a autora, "são as fantasias que realizam essa ligação" – e aqui esbarramos na mais marcante característica do domínio que investigamos: o brincar. Como veremos adiante, o brincar está à altura da tarefa de escuta do traumático, dessa escuta específica, criativa e criadora – capaz de produzir/ encontrar o objeto parcial satisfatório real ou fantástico, e inclusive de simbolizar sua perda; enfim, de acompanhar a sexualidade em seu percurso que parte do caos amorfo do pulsional mortífero rumo à integração psíquica, à pulsão de vida.

O traumático esbarra no limite das palavras, pois se assemelha a uma situação primitiva, originária, em que o aparelho psíquico não tem recursos maduros para lidar com a pulsão. Como, pois, uma criança fará para comunicar o traumático da situação de abuso sexual que viveu, sendo algo que até os adultos encontram as maiores dificuldades em dizer?

Felizmente, a clínica com crianças cedo descobriu caminhos para driblar a precocidade dos recursos linguísticos desses pacientes. Trata-se da técnica do brincar. Antes, entretanto, queremos especificar que o brincar de uma criança traumatizada é uma atividade singular, que guarda distinções significativas com o jogo de outras crianças, mais saudáveis, em outros contextos. Não nos interessa, portanto, fazer uma metapsicologia mais completa do brincar, mas apenas tocar os pontos desta que respondam ao nosso tema.

A técnica do jogo: contribuições da escola inglesa de psicanálise

Uma das pioneiras nesse trabalho foi a psicanalista da escola inglesa Melanie Klein. Segundo Souza (2008), a "nova ferramenta proposta para permitir a análise de crianças foi a técnica lúdica. Podemos situar o início da técnica do brincar já no primeiro artigo de Klein sobre psicanálise" (p. 126). A autora argumenta que, diante da dificuldade das crianças em comunicar com palavras suas associações, Klein teria percebido que "oferecendo-lhes brinquedos e materiais gráficos, reduzia-se a necessidade de associações verbais e se podia estabelecer um contato com elas" (p. 125). Assim, o brincar aparece desde o início dando suplência à carência de recursos de comunicação verbal.

Melanie Klein viu no brincar um canal de expressão do inconsciente, uma linguagem suficiente para a elaboração de seus

122　O BRINCAR E O INDIZÍVEL...

conteúdos, na medida em que não apenas permite comunicá-los, mas também interagir com eles, bem como dar vazão aos excessos pulsionais e à angústia. Souza (2008) resume a função do brincar em Melanie Klein:

> *Para Melanie Klein, o jogo:*
> *– é um meio de representação indireta de fantasias, desejos e experiências;*
> *– enseja o mecanismo de defesa da cisão, ou dissociação, e da projeção, permitindo que sejam "separadas" as figuras parentais internas contraditórias e também que sejam expulsas para o mundo exterior, aliviando a cruel pressão superegoica;*
> *– dá alívio e prazer, ao permitir a descarga das fantasias;*
> *– obedece à compulsão à repetição;*
> *– enseja a sublimação através da simbolização. (p. 128)*

Se seguirmos essa linha de pensamento, encontraremos na expressão lúdica através do brincar ferramentas importantes para tanger o indizível. Especialmente o segundo enuncia algo significativo para nosso estudo, na medida em que investigamos os mecanismos presentes na traumatologia do abuso sexual. A brincadeira permite à criança representar num material concreto a cisão da qual foi vítima, projetando assim o conflito e aliviando o sistema psíquico. Ainda segundo a mesma autora:

> *Estão presentes no brincar a possibilidade de representação, a transformação do vivido passivamente em ativo, o domínio da realidade, a repetição do traumático em busca de elaboração e também a busca do novo e*

*da criatividade. Há no brincar um grande trabalho de
elaboração, exploração e modificação das angústias.
(Souza, 2008, p. 128)*

De maneira que, como vimos, a representação do conflito
psicológico através do estado lúdico na criança que brinca permite, num contexto de análise, não apenas o alívio da drenagem
da carga pulsional que sobrecarrega o psiquismo, mas também a
elaboração da trama envolvida através da intervenção atenciosa
do analista. O conflito em questão advém dos mecanismos mais
arcaicos de defesa. Para Ferenczi (1933/2011), no artigo supraci-
tado, o abuso sexual provoca uma cisão no psiquismo da criança
através do mecanismo de identificação com o agressor. Nas palavras do autor, "a personalidade ainda fracamente desenvolvida
reage ao brusco desprazer, não pela defesa, mas pela identificação
ansiosa e a introjeção daquele que a ameaça e agride" (Ferenczi, 1933/2011, p. 118), de forma tal que a criança fica cindida:
em parte é vítima, indefesa e amedrontada, e em parte é algoz,
agressiva e culpada. Essa condição torna ainda mais complexa a
problemática do abuso sexual, quando as vítimas se tornam per-
petradoras do mesmo mal. Como essas figuras estão introjetadas
e se comportam autonomamente, como conteúdos inconscientes,
toda a tensão se passa no plano psíquico, na pura interioridade,
ganhando expressão apenas de forma patológica e ininteligível.
Mas será onde o brincar entrará em cena, como um recurso de
expressão eficaz do conflito interno.

A brincadeira, para acontecer como tal, deve ser um fenômeno
transicional, que é algo que acontece no espaço psíquico que está
entre a interioridade e a exterioridade, onde o subjetivo e o objetivo se mesclam num paradoxo fundamental para o desenvolvimento do sujeito. Em Winnicott (1971/1975), psicanalista também da

escola inglesa, autor deste conceito angular da psicanálise, a brincadeira alcança um nível que não estava explicitado em sua antecessora, Klein: o brincar, como fenômeno transicional, constrói o mundo que o sujeito encontra, no qual pode suportar habitar. É essa capacidade criativa que virá em socorro do mundo desestabilizado da criança traumatizada.

Na teoria winnicottiana, há fases progressivas de desenvolvimento da experiência subjetiva, através das quais a criança pode alcançar um estatuto psicológico no qual esteja capacitada para lidar com as tensões e frustrações da vida de maneira realística, sem perder a sensação de integridade e vitalidade. Trata-se da formação e desenvolvimento do sujeito psíquico, instância em que sustentamos a tese de que o brincar exerce função privilegiada.

Para Winnicott (1971/1975), a criatividade ocupa um papel fundamental desde os primórdios da consolidação psíquica do sujeito. O bebê saudável deve poder se relacionar com o ambiente de tal maneira que esteja apto a sustentar a impressão de que cria os objetos de desejo que encontra, o que é denominado "ilusão de onipotência". Interessa-nos aqui que essa capacidade criativa, que é alicerce da saúde psicológica, embora varie na magnitude, constitui também a natureza essencial do brincar, até mesmo se estendermos esse conceito à expressão criativa dos adultos, como os artistas. O bebê saudável passará por um contínuo processo de desilusão, mas que não abalará sua capacidade de se relacionar criativamente com o mundo que percebe.

À altura do amadurecimento da criança em que ocorrem os fenômenos transicionais, o brincar permite o desenvolvimento psicológico na medida em que "trata-se de uma atividade que permite uma significação pessoal e a possibilidade da continuidade do ser no mundo" (Callia, 2008, p. 143). Isso acontece porque alguns objetos passam a poder simbolizar o objeto primário (na linguagem da escola inglesa, o "seio materno nutritivo" que satisfaz a demanda pulsional infantil), a representá-lo, suprindo sua ausência temporária de forma a apaziguar a angústia que ameaça a coesão do ser infantil. Aqui temos algo sumamente relevante, pois o fenômeno transicional é um acontecimento que conserva o elemento amalgamador das representações psíquicas no conjunto coerente a que denominamos "sujeito" em situações nas quais este elemento não se encontra concretamente presente. É uma aquisição psíquica imprescindível para o tratamento da angústia e, portanto, do trauma.

O fenômeno transicional só é possível porque conserva virtualmente um caráter relacional. É o que acontece num ambiente de análise, já que este pressupõe a presença colaborativa de um ouvinte atencioso e interessado, reconquistando a esfera relacional – lesada na dimensão traumática do abuso sexual – que é vital para a formação psíquica. Sobre isso, Callia (2008) escreve belamente, a respeito de uma experiência clínica:

> *o que essa criança queria era fazer um par comigo, com alguém que suportasse tanto os seus ataques destrutivos como também uma aproximação muito amorosa, até mesmo corporal. Essa experiência de brincarmos juntos sem que eu dissesse muita coisa pareceu necessária para que meu pequeno paciente confiasse em mim, estabelecendo uma relação comigo a ponto de se sentir livre para me usar como um objeto seu, também tentando me destruir; mas ele pôde perceber que eu sobrevivia aos seus ataques. (p. 149)*

126   O BRINCAR E O INDIZÍVEL...

Entrelaçamentos do traumático com o lúdico: uma leitura lacaniana

Vimos que o traumático se instala como curto-circuito do vínculo comunicativo da criança com um adulto que oferece suporte tradutivo para as experiências dela, de maneira que o resgate desse vínculo através de uma relação de confiança é condição *sine qua non* para o tratamento. A criança, ao brincar, interage com um adulto e, de forma lúdica, expressa todo um conjunto de conteúdos que, a partir de então, podem ser metabolizados (*rêverie*) e integrados de forma mais harmoniosa. Não apenas isso, mas poderá, durante a análise, produzir as representações que expressem o indizível, criando e ao mesmo tempo encontrando no material lúdico uma maneira de expressar e significar o que é demasiadamente cru para ser capturado no relato verbal.

O analista será, então, convocado a assumir um papel na cena traumática, que está obrigada segundo uma compulsão à repetição, na medida em que está localizado na dinâmica transferencial. Seja como testemunha, seja como um dos elementos presentes na cisão (vítima ou algoz), deverá atuar de forma a alterar o desfecho da história, ressignificando a cena. Aqui está o mais importante: como companhia, nos moldes da transferência, será capaz de restituir a ternura no vínculo da criança com o adulto, ao mesmo tempo que liga o sexual, através dos recursos do jogo, aos representantes simbólicos disponíveis, retirando-o do plano do ato.

Avancemos um pouco mais, seguindo nosso raciocínio. Dissemos que o sexual traumático precisa ser elaborado através de diversas etapas do desenvolvimento até poder ser integrado ao eu, isto é, ser historicizado. Também propusemos que o brincar, entendido como atividade criativa, alcança toda essa extensão, desde os mais prematuros recursos até os mais simbólicos e maduros, sendo capaz de viabilizar a comunicação onde o discurso verbal cala. Interessemo-nos agora por estudar como o jogo se presentifica no desenvolvimento psíquico sob um outro prisma.

Gueller (2008) investiga o pensamento psicanalítico sobre o brincar acompanhando a leitura que Jacques Lacan faz de um texto importante de Freud, "Além do princípio do prazer" (1920). A autora comenta que "no brincar há um trabalho psíquico em jogo, um trabalho de estruturação da subjetividade" (Gueller, 2008, p. 153), que é, afinal, o que está em jogo na clínica do trauma – que se constitui como um rasgo na subjetividade.

O brincar, segundo a autora, guarda a especificidade que é propriamente da ordem humana, a função simbólica. Os objetos com que se brinca são, em razão da brincadeira para a qual foram conclamados, destituídos de sua funcionalidade como tais e passam a poder significar muitas, diversas coisas – no jargão lacaniano, tornam-se "significantes". Isso quer dizer que, na brincadeira, os instrumentos lúdicos são componentes de um discurso que, estruturado num encadeamento de significantes, veicula uma mensagem apta a amarrar o elemento traumático, encadeando-o, por sua vez, ao que constitui o sujeito.

Não apenas os objetos ordinários, mas a própria identidade da criança se institui, num primeiro momento, a partir do brincar:

A brincadeira evidencia uma identificação,... uma identificação narcisista... ou imaginária.... Por meio desta identificação, a criança adquire a convicção de que ela e sua mãe têm permanência para além do campo do visível. A identificação permite unificar experiências diversas, experiências de fragmentação corporal, e permite também conservar uma representação

128   O BRINCAR E O INDIZÍVEL...

> *do outro, que servirá de base para a identificação do*
> *eu (moi).... (Gueller, 2008, pp. 154-155)*

A mãe é, aqui, o objeto de desejo da criança, o que, diante de sua precocidade, unifica sua experiência de ser. A identificação evidenciada na brincadeira resguarda num plano subjetivo a existência do objeto concreto que, ocasionalmente, falta. Não apenas a presença virtual do outro é perseverada assim, mas também a própria existência [do eu], uma vez que ela se estabelece na interação com o outro, quando o olhar do outro assinala e sustenta a imagem do eu. Ora, por definição, o traumático é ruptura na continuidade do ser, desmembramento. Algo que, vindo do outro, não obstante, assinala sua ausência – ou, diremos melhor, é um excesso que supera até mesmo a presença estruturante do outro.

Mas prossigamos. Quando o outro falta, acontece que seu olhar mira algo que não seja a imagem do eu. Esse redirecionamento do olhar do outro dá ensejo à pergunta sobre o desejo do outro que, afinal, é o que direciona seu olhar, que é o que resguarda a existência do eu. Através da brincadeira, a criança pode então estudar e tentar se haver com essa problemática da interação eu/outro, do desejo do outro que determina o eu e de sua falta. Um desejo tão complicado quando toca a questão do abuso sexual, na medida em que o estruturante e o desestruturante podem inclusive estar amalgamados, pois o agente perpetrador do abuso, muitas vezes, é também cuidador da criança. O brincar, então, concorre como uma maneira de conservar, imaginariamente, o olhar edificante e desejoso que sustenta o eu, ao mesmo tempo que deve retrabalhar a imagem sexualizada que este olhar perverso mira, para a formação de uma identidade mais sadia, menos comprometida com toda a enorme carga de identificações que recai, então, sobre a criança (entre as quais são muito comuns a de ser suja ou má, a hipersexualização precoce etc.).

Antes disso, porém, nos diz a autora, a criança já brincava; e essa brincadeira já objetivava a construção de um "sou". "Esses jogos que se produzem ao longo do primeiro ano de vida da criança visam à construção do corpo libidinal do narcisismo primário" (Gueller, 2008, p. 155). São jogos que visam estabelecer os contornos de uma superfície corporal, base de uma identidade posterior mais complexa, mas que num primeiro momento não contém um dentro ou um fora, à guisa da banda de Moebius. Trata-se de uma superfície formada pela conexão dos lados opostos de um plano – uma fita –, por meio do recurso de uma torção, de forma tal que um objeto que se mova sob sua superfície (por exemplo, um lápis riscando-a) pode contorná-la integralmente sem se desconectar em momento algum. Nesse momento da formação da subjetividade, "essas atividades se concentram em duas tarefas principais: fazer buracos e fazer superfícies" (Gueller, 2008, p. 156), num *continuum* que entrelaça e mantém conectados o eu e o outro. "É, pois, um tempo em que não há ainda uma distinção interior/exterior, nem entre conteúdo e continente" (p. 156).

São atividades muito importantes na clínica com o trauma sexual, uma vez que o abuso inscreve significantes no corpo erógeno e o traumático elicia um montante de sexualidade que deverá ser, por sua vez, erogenizada e atrelada a esse corpo, aderindo à sua superfície de maneira harmoniosa. Cobrir buracos, colar rasgões, remendar as partes cindidas, colmatar o corpo fragmentado por meio de pinturas ou outros meios quaisquer, mas também rasgar e furar ativamente, tudo dentro do contexto lúdico, poderão auxiliar a criança a se apropriar desses significantes, a inscrevê-los, ejetá--los ou ressignificá-los em si mesma. "Essas marcas são necessárias

130 O BRINCAR E O INDIZÍVEL...

para que o psiquismo do *infans* se estruture, e a primeira tarefa é construir essa banda de Moebius" (Gueller, 2008, p. 156).

Em outra operação, a do eu especular, a criança passa a explorar o "espaço de inclusões recíprocas", que diz respeito a uma estrutura "bidimensional, ainda sem volume, onde os pontos das polaridades coincidem. Nesse momento, a subjetividade ainda não rege a terceira dimensão (volume, profundidade)" (Gueller, 2008, p. 157). Aqui terão início os jogos e brincadeiras que buscam a delimitação de bordas e fronteiras, bem como todo tipo de limitações, inclusive o que não se pode fazer. Vemos que agora o espaço já não é um *continuum* como antes, mas encontra um termo fundamental para que a subjetividade se defina. Esses jogos auxiliarão, na clínica do abuso sexual, a reconquistar as fronteiras que foram extrapoladas, ou a criá-las, se não existiam; o que é decisivo para começar a superar a identificação com o agressor. Perguntas importantes devem ser respondidas nesses jogos: "Qual a extensão de meus limites, e como podem ter sido assim ultrapassados e confundidos?". Colocadas dessa forma, torna-se cada vez mais evidente a eficácia singular da linguagem dos jogos diante da dificuldade de colocar em palavras essas perguntas tão pungentes e suas respectivas respostas.

Ainda num outro momento da estruturação subjetiva, será estabelecido o espaço tridimensional, em que o "dentro" e o "fora" são inaugurados. "Uma vez constituído o fora, podem surgir as oposições aqui-lá, fora-dentro, porque a criança que já constitui o 'mim' não precisa mais se vivenciar no corpo do Outro" (Gueller, 2008, p. 157). É o famoso "estádio do espelho" da teoria lacaniana, em que o eu se unifica num corpo próprio a partir de sua imagem projetada especularmente. Essa superfície unitária, segundo a autora, é rompida nos pontos correspondentes à boca, aos olhos e ao ânus – que, somados aos órgãos genitais, conformam os lugares privilegiados do abuso sexual, através dos quais essa unidade pode ser lesada.

Muito importante é o que se segue, quando a autora comenta que:

> *a matriz da identificação especular também delimita o espaço ficcional.... Por isso, mesmo antes de a criança ter uma fala articulada, a matriz do "vamos fazer de conta que eu era" já está constituída. O campo do brincar está instituído e pode ser distinguido do real.*
> *(Gueller, 2008, p. 158)*

O jogo, mesmo antes de ser ficcional, esteve conduzindo a formação da subjetividade. A clínica do trauma recupera na brincadeira aquilo que precedeu a fala. Trata-se de um percurso sempre atualizável, sempre possível, apto para ser resgatado, bastando serem conquistadas as disposições do lúdico. Nas palavras da autora, "é importante salientar que esses jogos... não são 'superados' nem abandonados. Ao contrário, eles retornam uma e outra vez ao longo da vida, adquirindo novos significados" (Gueller, 2008, p. 158).

Logo mais, a brincadeira permitirá à criança alcançar o plano simbólico, representando uma perda concreta através de um recurso lúdico, o que tem como consequência a capacidade de renúncia da satisfação pulsional, na medida em que permite à criança que brinca ocupar a posição de agente. "A possibilidade de mudança de posição passiva para a ativa é um indicador importante na clínica" (Gueller, 2008, p. 159). A criança cujo brincar estanca numa dessas posições pode estar mais comprometida, fixada em processos anteriores que precisam ser revisitados. De qualquer maneira, nessa fase de renúncia, a criança alcança o ponto da teoria lacaniana

132   O BRINCAR E O INDIZÍVEL...

denominado "alienação", em que se institui a "constituição de um sujeito falante e de uma mensagem" (p. 160).

O sujeito agora deverá ser capaz de extrair do universo de significantes em que está inserido uma representação pessoal; deverá também encontrar lapsos nesse universo semântico a partir do qual se separa do outro. "Lacan afirma que o sujeito só se lança na alienação se encontra como complemento algo que lhe aporte a separação: uma promessa de ser – de ser falante" (Gueller, 2008, p. 160). Mas não será talvez essa colabação, esse insucesso da separação, que a sexualidade traumática, de natureza perversa, instaura? O que é feito da promessa de "ser falante" nessas condições? A autora explica:

> Os tropeços, a surpresa, a comoção provocada no outro são fundamentais aí, porque esses signos mostram à criança o caminho por onde prosseguir o enigma da falta do Outro. Pode acontecer que o sujeito se torne esse objeto suposto, tentando obturar a falta – e teremos então um processo de fetichização. (Gueller, 2008, p. 160)

Por isso, a brincadeira da criança traumatizada não deve ser vista apenas como uma mensagem, organizada como um discurso, mas como um movimento estruturante de uma subjetividade frágil ou fragilizada. A esse respeito, já estudamos como a brincadeira permite experiências de constituição de si. Também vimos que projetar num meio concreto esses lugares – do outro e das autorrepresentações – permite à criança um espaço suficiente para se distanciar dessas identificações e elaborá-las com o auxílio do analista, que deverá estar atento à natureza delas.

Além disso, a brincadeira deve poder alcançar, fundar, ali onde a sexualidade se fez maciça, espaços de falta da alteridade – já que a brincadeira é, como vimos, um fenômeno transicional que baliza a ausência do outro – onde a criança deve encontrar os lapsos no quais possa instituir a separação do outro. O espaço lúdico também se presta a isso, uma vez – e a experiência o demonstra – que na brincadeira pode-se ocultar/barrar o outro (como nas brincadeiras de esconder ou na construção de barreiras, fortes, paredes etc.), ou mesmo perdê-lo, restringi-lo ou encenar sua partida.

Ainda em outros casos, mais graves, em que tal separação não esteja ao alcance, o brincar também pode permitir resgatar um outro "outro", mais ideal, como só a ficção torna possível; focando recortes salutares, desmontando e separando as impressões confusas mescladas pela realidade – aliás, como deve acontecer em todo processo de análise. A partir desse imaginário a criança traumatizada pode novamente sonhar – o que implica estar disposta a um novo encontro com o outro, a partir do qual seja possível a reedição da cena traumática e a continuação de uma história que ficou atravancada.

Conclusão: a escuta edificante no lúdico

Utilizemo-nos mais uma vez das palavras de Gueller (2008), uma vez que já abusamos mesmo das citações, para concluir o percurso que fizemos, pois vão ao encontro de nossa tese: o jogo "se constitui para possibilitar... uma simbolização que falta, operação que só pode ser realizada no campo ficcional" (p. 162). Ora, não é esse o objetivo da clínica analítica?

134   O BRINCAR E O INDIZÍVEL...

Vimos, então, que a brincadeira tanto pode se organizar como uma fala, encadeando significantes em um discurso, como pode alcançar estados mais precoces de estruturação da subjetividade. É importante salientar que as características da técnica lúdica na clínica com crianças que sofreram abuso sexual serão influenciadas pela estruturação psíquica que tenham alcançado (o que depende, por sua vez, da salubridade do ambiente e das relações a que estão expostas), pela idade que tenham e pela idade na qual o trauma ocorreu. Salientamos, durante esse estudo, o papel do lúdico como uma forma de escuta muito específica, mas não menos analítica, capaz de traduzir a voz enigmática da sexualidade "mortífera", de urdir as tramas de que se constitui a malha psíquica. A elaboração do trauma passa por uma edificação ou reconstrução, o que exige o percurso da sexualização, que, como vimos, perpassa toda a constituição da subjetividade, desde a erogenização do corpo até a conquista do simbólico e a estruturação da linguagem. Como toda clínica analítica, busca alcançar representações e vinculações para o que está cindido ou segregado, patogênico – mas, particularmente, deve alcançar vocabulários outros, mais eficazes no trato com situações limítrofes.

Uma vez que começamos com a problemática do emudecimento da criança em virtude de uma situação traumática de abuso sexual, podemos concluir como aquele pintor que, indagado sobre o significado de uma obra de sua autoria, respondeu: "se eu pudesse me expressar em palavras, seria escritor, e não pintor". Na clínica, não se trata de privilegiar as palavras, mas de catalisar a ligação da comoção psíquica para viabilizar o ganho em bem-estar e organização do sujeito.

Por fim, gostaria de descrever um caso clínico, para ilustrar a função do brincar na clínica com crianças vítimas de abuso sexual, especialmente no que toca à restrição da expressão verbal.

O paciente é José,[1] de 12 anos de idade. À época em que comecei a atendê-lo, José havia se mudado para o segundo abrigo por ter passado da faixa etária limite do abrigo anterior, sendo uma das crianças mais jovens do novo lar. No primeiro, preocupava os cuidadores porque, apesar de ser uma criança tímida, introvertida e inexpressiva, precisava ser vigiado para não impor aos mais jovens atitudes de cunho sexual. No segundo abrigo, retraíra-se ainda mais, temendo exatamente o mesmo comportamento das crianças mais velhas. Não tinha nenhum amigo, aliás, era muito seletivo em se comunicar. Seu histórico era o seguinte: é filho de uma moradora de rua esquizofrênica e alcoólatra, que perdeu a guarda do filho por expô-lo a situações de mendicância desde muito cedo. Seu pai é um traficante de drogas violento e perigoso, que se encontrava foragido. Tinha um irmão e três irmãs mais velhas, e outros mais novos. O irmão mais velho era violento, e foi quem perpetrou o abuso sexual em José, com o aval do pai. O irmão, que também era traficante de drogas, já à época havia falecido, num violento incidente. José sofrera muitas vezes o abuso por parte do irmão, além de ter sofrido outros maus-tratos e agressões.

As primeiras sessões em que atendi José se passaram no mais absoluto silêncio. Ele sequer me olhava – aliás, não olhava muito tempo para coisa alguma, tinha o olhar ora perdido, ora ansioso, o lábio inferior pendia aberto e às vezes babava, a postura não tinha tônus e os ombros eram caídos; mantinha-se cabisbaixo. Desconfiei de retardo mental, alguma síndrome ou algum tipo de comprometimento cognitivo, mas fui informado pelos profissionais responsáveis de que era um menino apto para aprender as disciplinas escolares, e tinha um rendimento razoável. Compreendia o que lhe falavam, até se relacionava eficazmente com alguns cuidadores (especialmente as do sexo feminino), e, se falava pouco, não era por

---

1 Nome fictício.

136　O BRINCAR E O INDIZÍVEL...

incapacidade nem nenhum transtorno cognitivo, senão embotamento psicológico.

O contato foi se estabelecendo muito gradativamente, na medida em que José aceitava usar o material disponível na caixa lúdica. A princípio brincava sozinho e alheio à minha presença, com massinha, lego ou fazendo desenhos, jogos que, entretanto, duravam pouco. Aos poucos fui incluído nas brincadeiras, de maneira muito discreta, inicialmente. Passaram-se semanas nesse ritmo, e demorou algum tempo até que José passasse a se comunicar mais abertamente sobre o que queria fazer, do que queria brincar e o papel que eu deveria assumir. Ao cabo de alguns meses, os jogos se diversificaram e pudemos estabelecer alguma conversação, limitada ainda e muito pontual.

Num dos primeiros desenhos que fez, José pintou uma figura redonda com olhos e da qual se destacavam cinco prolongamentos: duas retas no lugar dos braços, duas no lugar das pernas, e uma no meio das pernas. Quando eu assinalei esta última, ele desenhou um dardo penetrando na figura, como uma flecha alvejando uma pessoa no centro do abdome. Estava muito concentrado enquanto desenhava. Após um minuto, sua expressão mudou, tornando-se encabulada e um pouco aflita; riscou a seta tentando apressadamente dissimular o desenho, inventando que se tratava de um outro braço. Foi a primeira vez que conseguiu tratar da questão do abuso, tema em que não voltaria a tocar tão diretamente por muitos meses, e sobre o qual jamais viria a falar.

Entrementes, a brincadeira financiava outros avanços. Passamos uma longa fase em que, como com uma criança pequena, eu desenhava para ele vários tipos de animais, (principalmente animais que tinham bico ou tromba). Negociamos que a brincadeira tinha que envolver a ambos, e ele então coloria os animais. A atividade o entusiasmou, e aos poucos foi tomando confiança nas próprias habilidades, até se sentir confiante para fazer os próprios desenhos. Isso foi importante, porque me permitiu delinear traços que fortaleceram sua expressão pessoal, e ele passou a se sentir mais à vontade para conversar comigo. Gostava de falar de suas experiências, como a visita ao zoológico, e expressar conhecimentos que ia adquirindo na escola, arriscando-se, dessa maneira, a mostrar-se uma pessoa interessante. Destaco aqui que até mesmo a fala se inscrevia na dinâmica do brincar: não se tratava tanto de comunicar algo especificamente, mas simplesmente de comunicar e, assim, constituir-se. O brincar lhe dotava com um aporte narcísico, fortalecendo sua autoconfiança.

A natureza dos materiais também se mostrou relevante. Após uma fase de muita resistência, teve coragem para lambuzar as mãos de tinta. Como eu lhe oferecesse uma presença atenciosa, permitindo que experimentasse essas sensações, permitiu-se a experiência da sujeira, da lambança, de melecar tudo de tinta. A analogia com conteúdos escatológicos é demasiado evidente. Essa brincadeira suavizou muito sua angústia, e nas sessões seguintes a tinta passou a ser usada com mais suavidade, até que logo pôde se satisfazer aplicando-a em contornos e bordas bem definidos, valorizando mais as cores e as formas. Assim, o brincar permitiu que um enorme fluxo pulsional contido fosse extravasado, aliviando seu psiquismo, permitindo que ele alcançasse expressões mais simbólicas e refinadas.

Nossas conversas se tornavam mais extensas, e os assuntos, mais interessantes; o vínculo transferencial se consolidava. Eu o acompanhava nas brincadeiras mantendo sempre a reserva que ele solicitava. Já tínhamos mais de um ano de análise quando o tema dos jogos se voltou para assuntos de teor afetivo mais significativo. Os desenhos se tornavam mais simbólicos, envolvidos em contextos mais amplos. Passou a sonhar: com um lar, uma casa bonita,

138 O BRINCAR E O INDIZÍVEL...

um lugar no mundo e na sociedade. Brincando, passou a ilustrar e a representar desejos. Ainda era demasiadamente tímido para comunicá-los verbalmente, apenas os insinuava e ria-se, nervosamente. Mas ali, justamente onde as palavras eram mais comprometedoras, mais penosas, o lúdico florescia com um pioneirismo intrépido, abrindo brecha para o que mais tarde poderia ser expresso com mais confiança.

Para uma criança com um passado tão sofrido, nosso contato não durou tempo suficiente para podermos alcançar novamente os núcleos traumáticos da violência e do abuso sexual. Eram temas ainda demasiadamente angustiantes. Mas, ao cabo de dois anos de atendimento, José já se comunicava alegremente comigo, tomava iniciativas e propunha assuntos que eram importantes para ele. Chegou a expressar algo do interesse sexual que despontava, muito timidamente, próprio da idade. Mas, acima de tudo, através da brincadeira, pudemos edificar um pouco daquilo que todo mundo necessita para poder lidar com as angústias mais aversivas: o "seio bom". José, a essa altura, sonhava com um lar amoroso, uma família atenciosa que o acolhesse – um Outro que o olhasse e que carecesse dele. E por uma coincidência do destino, justamente quando esses movimentos já se haviam consolidado, apareceu um avô que se dispôs a adotá-lo. O contato de ambos foi positivo, e, sob a supervisão dos profissionais do abrigo e do Conselho Tutelar, a adoção foi viabilizada, o que infelizmente pôs fim aos atendimentos, uma vez que o avô morava em outro município.

Nesse caso clínico, pôde-se evidenciar o papel exercido pelo brincar em mediar um contato, estabelecer o vínculo transferencial, propiciar a comunicação entre analista e analisando, fornecer recursos de amadurecimento psíquico, como o aporte narcísico, a expressão de fantasias angustiantes, o extravasamento e a sublimação pulsional. Através da brincadeira o traumático pôde ser assinalado, e os recursos necessários para, um dia, ser elaborado, constituídos como objetos do desejo: o seio bom, a família amorosa, o lar acolhedor. A brincadeira abre um lugar seguro para a expressão dos elementos mais perversos, para o sadismo e o masoquismo, aliviando a compulsão para atuá-los. Permite também a conquista do olhar do outro, um olhar primeiramente perigoso demais, tanto que foram necessárias muitas semanas até que ele suportasse me olhar. Perigoso enquanto não for testado em sua benevolência, enquanto não puder ser digno de confiança.

O jogo, nesse sentido, criou um "meio de campo", um espaço em que seus conteúdos pudessem ser cuidadosamente submetidos ao crivo desse olhar, como um filtro que permite a observação de um eclipse, sem o qual essa observação poderia ser danosa. Assim, desde representações materiais até à palavra, o lúdico expressou objetos internos e encadeou significantes que produzimos brincando.

Referências

Callia, M. M. M. (2008). No caminho da transicionalidade: brincando criamos o mundo. In A. S. Gueller, & A. S. L. Souza (Orgs.), *Psicanálise com crianças: perspectivas teórico-clínicas* (pp. 135-150). São Paulo: Casa do Psicólogo.

Cromberg, R. U. (2001). *Cena incestuosa: abuso e violência sexual.* São Paulo: Casa do Psicólogo. (Coleção Clínica Psicanalítica).

Ferenczi, S. (2011). Confusão de línguas entre as crianças e os adultos. In S. Ferenczi, *Obras Completas* (2. ed.,Vol. 4, pp. 111-121). São Paulo: WMF Martins Fontes. (Trabalho original publicado em 1933).

Gueller, A. S. (2008). O jogo do jogo. In A. S. Gueller, & A. S. L. Souza (Orgs.), *Psicanálise com crianças: perspectivas teórico--clínicas* (pp. 151-169). São Paulo: Casa do Psicólogo.

Souza, A. S. L. (2008). Melanie Klein e o brincar levado a sério: rumo à possibilidade de análise com crianças. In A. S. Gueller, & A. S. L. Souza (Orgs.), *Psicanálise com crianças: perspectivas teórico-clínicas* (pp. 123-134). São Paulo: Casa do Psicólogo.

Winnicott, D. W. (1975). *O brincar e a realidade.* Rio de Janeiro: Imago. (Trabalho original publicado em 1971).

7. Cuerpo a cuerpo con la madre: identificaciones narcisistas alienantes

Johanna Mendoza Talledo

En las últimas décadas el Psicoanálisis contemporáneo se ha visto en la necesidad de reflexionar sobre la presencia de nuevas patologías – cuadros borderlines, enfermedades psicosomáticas, patologías del vacío, complejidades espectroautistas, etc. –, aquellas que reclaman esclarecimiento y comprensión debido a que su existencia plantea interrogantes y retos al quehacer psicoanalítico. Las exploraciones actuales, al lado de la consideración esencial de constructos como el inconsciente o pulsión, incluyen el protagonismo indiscutible del cuerpo así como los referentes culturales donde se despliegan estas "nuevas enfermedades del alma".

Desde el psicoanálisis, la pulsión, tal como la definió Freud, es un concepto límite entre lo psíquico y lo somático, definición que

> *inserta definitivamente a la psique en el cuerpo y, además [la convierte en] ser la demanda del cuerpo a la mente, la "exigencia de trabajo" para que encuentre soluciones que permitan salir de la situación de falta,*

pidiendo el fin de la tensiones que lo habitan y clamando a gritos por satisfacción. (Green, 2005, p. 163)

Freud a lo largo de su obra insistió en la primacía de la vida pulsional afirmándola como mucho más influyente que el objeto. Hoy en día reconocemos lo irremplazable de la propuesta freudiana sin reducir la presencia y el valor del objeto, como lo señala André Green (2005) al postular que la célula fundamental de la teoría psicoanalítica la constituye el par pulsión-objeto, donde la pulsión es la matriz del sujeto, y el objeto aquel que la revela.

El propósito de nuestro trabajo es destacar el *sentir del cuerpo* (Alizade, 1999) en la constitución del psiquismo. En el, con el y por el comienza el despliegue del psiquismo y del pensamiento. Y si la condición de desamparo (*Hilflosigkeit*) del recién nacido determina que el inconsciente (Laplanche, 1997) y el narcisismo parental se inserten en el psiquismo del infante a través de un tipo particular de identificaciones inconscientes alienantes (Faimberg, 2005), esta experiencia necesariamente tiene un correlato corporal, cuyo modelo originario es el cuerpo a cuerpo con la madre, sujeta de cultura, ofreciendo mensajes inconscientes. Escribir nuestra propia historia implica lidiar con aquella que corresponde a otro que jamás se ausenta: la propia madre.

Cuerpo a cuerpo con la madre

Desde el inicio de la existencia el cuerpo está inserto en una comunidad intersubjetiva y desde esos tiempos primigenios se tropieza con la alteridad, y a través de ella, con la cultura. Para pensar cómo y cuándo se inicia el desarrollo del psiquismo, partimos del momento originario del encuentro de los cuerpos entre la madre y su bebé, condición *sine qua non* para el despliegue del psiquismo del bebé. Aulagnier (2001) señaló que "la primera representación que la psique se forma de sí misma… se realiza a través de la puesta en relación de los efectos originados en su doble encuentro con el cuerpo y con las producciones de la psique materna" (p. 31).

Si bien el nacimiento produce una separación corporal de la madre, los intercambios físicos y afectivos continúan y favorecen un nivel de indiferenciación a partir del cual surgen las primeras representaciones que les darán significado. Ese espacio psicosomático entre la madre y su hijo, correspondiente al proceso primario y que precede a la entrada del sujeto en el orden simbólico, ha sido denominado por Julia Kristeva (1980) *"jorá* semiótica", organización preverbal regida por fuerzas pulsionales, ritmos, sonidos y caricias, que genera el despliegue, aquella que McDougall (1962/1995) llama configuración somato psíquica primaria.

Mariam Alizade teoriza en textos fechados antes del 2000 sobre la sensualidad originaria, y plantea que aquella junto con las pulsiones, son la base de la estructuración psíquica. La entiende como el cúmulo heterogéneo de sensaciones (olfato, vista, tacto, audición, gusto) que están a la espera de la supervivencia y cuya amenaza es la desintegración. El cuerpo percibe y siente. Las sensaciones se integran con engramas propioceptivos que posteriormente se enlazarán al universo representacional. El ámbito de lo irrepresentable, del antes de la palabra, prima en este escenario vincular.

Esta matriz sensorial-afectiva, punto de anclaje del incipiente Yo corporal al que se refería Freud, requiere de la alianza del afecto y cuidado del otro significativo. El deseo del otro tiene eficacia prioritaria en las funciones de la preservación de la existencia. La carencia del afecto y del alimento psíquico impide la vida (recordemos la clínica del Hospitalismo en Spitz, 1965). El sentir del cuerpo sería la base del sentido del *self* del que habla D. Winnicott (1969), preámbulo del *Yo-piel* de Anzieu (1985).

Precisamente Anzieu (1985) plantea que el contacto a través de la piel es un aspecto fundamental de la relación madre-hijo en tanto ésta es lugar y medio principal de comunicación *"una superficie de inscripción de las marcas dejadas por los otros"* (p. 40). La piel además de tener la cualidad de zona erógena a lo largo de la vida, funciona como un interfaz entre el bebé y su madre, que se estremece con las sensaciones, emociones, imágenes mentales y los ritmos vitales de ambos.

Tenemos entonces el encuentro del psique soma del infante con un rudimentario desarrollo, con el psique soma de la madre portadora de las vicisitudes de su propia historia y de su cultura.

En el tránsito por las distintas etapas de la vida, la sensualidad se engarza con otras experiencias que provienen de las relaciones con los objetos. La trama de base originaria se complejiza durante el crecimiento y la maduración. El amor adolescente o el amor adulto serán siempre un enlace libidinal objetal anterior. En las profundidades psíquicas estarán engarzados con los registros placenteros y displacenteros vivenciados y sentidos en el cuerpo con los primeros objetos significativos. En este sentido las lastimaduras sensual-afectivas sonheridas que, ante factores desencadenantes o simplemente frente avatares del crecimiento psíquico, pueden reabrirse, dando lugar a diferentes patologías.

Identificaciones inconscientes alienantes

Ahora centrémonos en las producciones de la psique materna (Aulagnier, 2001) o como señala Laplanche (1997) la madre con su propio inconsciente en el centro de la constitución misma del

Yo del infante. La madre dentro de una relación asimétrica ofrece mensajes enigmáticos inconscientes, que orientan las sensaciones del recién nacido y su proto sexualidad. Encriptados en el contenido manifiesto, estos mensajes aluden directa o indirectamente a cuál debe de ser el objeto de deseo, a la sexualidad parental, a qué debe ser percibido como una amenaza de transgresión, qué está permitido, etc. Laplanche (1997) sostiene incluso que es aquí donde se encuentra la verdadera revolución freudiana: El inconsciente o extranjería interna en el centro del aparato psíquico del infante sostenida por aquella extranjera (la madre o el otro) a su vez sostenida por la relación enigmática con su propio extranjero interno, es decir, su propio inconsciente. Este sería el camino o vía regia de lo trasngeneracional (Mendoza, 2016).

Así mismo Aulagnier hace referencia al proceso y a la problemática de las identificaciones, lo que permite esclarecer las condiciones necesarias para que el Yo pueda existir y la actividad de pensamiento sea posible. Freud (1921), en *Psicología de las masas y análisis del yo,* describe la identificación como el primer vínculo emocional con el objeto. Jessica Benjamin (1997) y Haydeé Faimberg (2005), varias décadas después, propusieron que, además de ser un proceso interno, la identificación es un tipo de relación. Faimberg va incluso más allá cuando sostiene que la identificación es un vínculo que se da entre generaciones.

Hemos planteado que el desvalimiento del recién nacido determina que su supervivencia dependa de otro, que la otredad es condición del proceso de subjetivación. Precisamente es esta condición la que determina que el narcisismo parental se inserte en el psiquismo del infante a través de un tipo particular de identificaciones necesariamente alienantes, porque capturan, someten al sujeto a aquellos aspectos narcisistas de los padres, identificaciones alienantes que se integran con otro tipo de identificaciones

146 CUERPO A CUERPO CON LA MADRE

y con las experiencias vitales en general. La madre, el padre, de estos primeros años, como objetos de identificaciones "incluyen en su estructura psíquica elementos fundamentales de su propia historia" (Faimberg, 2005, p. 30). El proceso de este tipo de identificaciones condensa una historia, un linaje, que está atravesado por fuerzas inconscientes que preceden la existencia del sujeto y que se extiende a generaciones anteriores. Faimberg (2005) llama a este proceso "identificación inconsciente narcisista alienante", central para nuestro propósito, porque la conflictiva identificatoria es una de la líneas que acompañan al proceso de subjetivación.

Tomando en consideración la pulsión, el cuerpo y la cultura, y apoyándome en el arte como vía regia hacia el inconsciente, vino a mi mente la película peruana *La Teta Asustada*, dirigida por Claudia Llosa (2009), que se centra en la historia de una mujer y su familia víctimas de la violencia política que vivió el Perú a finales del siglo XX y sobre su experiencia de desarraigo y migración hacia la capital. Fausta, la protagonista, es una joven que sufre de la Teta Asustada, una extraña enfermedad. La madre de Fausta, mujer ayacuchana, fue violada durante la época del terrorismo (1980-1992). La historia nos narra cómo Fausta, hija de esa violación, interiorizó el miedo y el sufrimiento de su madre a través de la leche materna.

La película comienza con el ecran en negro y la madre de Fausta cantando en quechua:

A esta mujer que les canta

Esa noche la agarraron, le violaron

No les dio pena de mi hija no nacida,

No les dio vergüenza (Recién a aparece la imagen de la madre cantando)

Esa noche me agarraron, me violaron con su pene y con su mano,

No les dio pena que mi hija

Les veía desde adentro...

Fausta responde cantando

Cada vez que te acuerdas, cuando lloras mamá

Ensucias tu cama con lágrimas de pena y sudor...

A ver, upa. Estas tirada como un pájaro muerto.

Voy a arreglar la cama un poquito

Ma,....ma?

La madre había muerto.

Inicio que presenta de manera contundente el cruce del inicio de una vida y el tema de la violación. Luego la familia migraría a Lima, en donde fallece la madre. El tío materno (él y su familia desplazados ayacuchanos integrados a lo que denominamos la cultura chicha) preocupado por la extrema inhibición, timidez, y "falta de vida" de su sobrina, le pide que acepte la muerte de su madre. Animada por sus familiares, Fausta decide empezar a trabajar como empleada doméstica para juntar dinero y así poder enterrar a su madre en su pueblo natal. (Ella conserva el cuerpo de su madre embalsamado). En aquella casa entabla paulatinamente una relación con el jardinero, fundamentalmente porque él también habla su mismo idioma: el quechua. La película nos relata magistralmente cómo el mayor temor de la protagonista era la posibilidad de repetir el trauma sexual, siendo ella una joven adolescente teme ser violada como lo fue su madre. Por esta razón ella se coloca un tubérculo en la vagina, una papa, pretendiendo así impedir,

148 CUERPO A CUERPO CON LA MADRE

"taponear", la posibilidad del impulso destructivo sexual perpetrado por otro, "taponeando" también el despliegue de sus propios impulsos de vida.

En esta parte Fausta, después de ser hospitalizada por la infección que tenía, canta los siguientes versos:

El tío no me entiende ma,

Yo llevo esto (la papa) como protector

Yo lo vi todo desde tu vientre

Lo que te hicieron,

Sentí tu desgarro

Por eso ahora lo llevo como un escudo de guerra

Como un tapón

Porque sólo el asco,

Detiene a los asquerosos

La película nos muestra cómo el conflicto político acabó, pero no el conflicto interno de Fausta. Ella no puede procesarlo por estar ligada inconscientemente a estas identificaciones transgeneracionales alienantes, que en vano intenta detener. Según las creencias y relatos andinos, el susto y el sufrimiento que vivió su madre le robaron el alma impidiéndole "enterrar" esa parte de su historia vincular por vía materna, acceder a un proceso de elaboración del duelo y poder adaptarse, integrando sus tradiciones, su lenguaje materno, su cultura, a las de la nueva ciudad.

Las posibilidades de esta elaboración están planteadas hacia el final de la película a través del vínculo con el jardinero. En las escenas finales él le deja de regalo una maceta con una papa florecida que él había cultivado, simbolismo cargado de reparación, fertilidad y esperanza, precisamente lo opuesto a lo sucedido en el cuerpo de Fausta que llevó dentro suyo por años una papa infectada que la enfermó y la llevo a un internamiento y consecuente intervención. La película finaliza en el momento en que Fausta acepta que le extraigan la papa de su interior, que puede llevar a enterrar a su madre a Ayacucho y despedirse de ella mirando el mar.

Reflexiones finales

Es corto el tiempo para decir tanto. Esperamos haber comunicado nuestra propuesta de relevar el sentir del cuerpo envuelto en la experiencia originaria del cuerpo a cuerpo con la madre, sostenido por el ambiente, enraizado en la cultura; la piel como superficie de inscripción de las relaciones con los otros (Anzieu, 1985); y cómo las fallas ambientales pueden producir dolores psíquicos y amenazas de tal intensidad que dificultan el despliegue de la psique, generando patología. No nos escapamos al destino de tener que elaborar las sujeciones alienantes parentales. Esto exigirá periódicamente la inversión de un trabajo de interpretación, reconstrucción, de reorganización de nuestros contenidos psíquicos para que *"el pasado se constituya verdaderamente como pasado"* (Faimberg, 2005, p. 35), y que el sí-mismo verdadero al mismo tiempo enraizado en su historia individual y cultural tenga disposición hacia lo nuevo. En esta experiencia de elaboración el cuerpo siempre está presente.

Bibliografía

Alizade, A. M. (1992). *La sensualidad femenina*. Buenos Aires, Argentina: Amorrortu.

Alizade, A. M. (1999). El sustrato sensual-afectivo y la estructuración psíquica: sensualidad y afectos. *Revista de Psicoanálisis, LVI*(3), 579-590.

Anzieu, D. (1985). *El yo piel*. Madrid, España: Biblioteca Nueva.

Aulagnier, P. (2001). *La violencia de la interpretación: del pictograma al enunciado*. Buenos Aires, Argentina: Amorrotu Editores.

Benjamin, J. (1997). *Sujetos iguales, objetos de amor: ensayos sobre el reconocimiento y la diferencia sexual*. Buenos Aires, Argentina: Paidós.

Faimberg, H. (2005). *El telescopaje de generaciones: a la escucha de los lazos narcisistas entre generaciones*. Buenos Aires, Argentina: Amorrortu Editores.

Freud, S. (1921/1955). Psicología de las masas y análisis del yo. In Strachey, J. (Trad.), *The standard edition of the complete psychological works of Sigmund Freud* (Vol. XVIII, pp. 63-132). Richmond, London: The Hogarth Press and The Institute of Psychoanalysis.

Green, A. (2005). *Ideas directrices para un psicoanálisis contemporáneo*. Buenos Aires, Argentina: Amorrortu Editores.

Kristeva, J. (1980). *Desire in language*. New York, NY: Columbia Press.

Laplanche, J. (1997, August). The theory of seduction and the problem of the other. *International Journal of Psycho-Analysis, 78*, 653-666.

McDougall, J. (1995). *Teatros del cuerpo*. Madrid, España: Julian Yebenes. (Trabajo original publicado en 1962).

Mendoza, J. (2016). Maternal genealogy: narcissistic identification in three generations of women. In Pender, V. B. (Ed.), *The status of women* (pp. 145-161). Camden, London: Karnac Books.

Winnicott, D. W. (1996). La distorsión del yo en términos de self verdadero y falso. In Winnicott, D. W., *Los procesos de maduración y el ambiente facilitador: estudios para una teoría del desarrollo emocional* (pp. 182-199). Buenos Aires, Argentina: Paidós. (Trabajo original publicado en 1960).

8. Um excesso que não se vê: a erotização do corpo da criança pela mãe

Cassandra Pereira França
Danielle Pereira Matos
Gabriela Velocini Novais
Mariane de Paula Ramos

O que esperar de um cuidador? Questão de resposta difícil, embora possamos fazer algumas incursões por caminhos que nos conduzem a algumas reflexões. Freud oferece-nos alguns parâmetros para pensarmos quais seriam, afinal, as funções de cuidados fundamentais para a constituição e o desenvolvimento psíquico do bebê. Nos "Três ensaios sobre a teoria da sexualidade" (Freud, 1905/1996a), ele apresenta-nos a necessidade de erotização do corpo do bebê, tendo em vista a necessidade de despertar a vida pulsional nesse psiquismo em constituição, sem deixar de nos alertar para o fato de que essa função do adulto cuidador sofre, inevitavelmente, influências das formas de condução de sua própria sexualidade:

> *O trato da criança com a pessoa que a assiste é, para ela, uma fonte incessante de excitação e satisfação sexuais vindas das zonas erógenas, ainda mais que essa pessoa – usualmente, a mãe – contempla a criança com os sentimentos derivados de sua própria vida sexual: ela a acaricia, beija e embala, e é perfeitamen-*

te claro que a trata como o substituto de um objeto sexual plenamente legítimo. A mãe provavelmente se horrorizaria se lhe fosse esclarecido que, com todas as suas expressões de ternura, ela está despertando a pulsão sexual de seu filho e preparando a intensidade posterior desta. (pp. 210-211)

Não há dúvidas de que a tão necessária erogenização do corpo do bebê, mesmo sendo atravessada pelas dimensões conscientes e inconscientes e pelos aspectos ambivalentes do aparelho psíquico de quem dele cuida, será responsável por ajudar a desencadear uma ação psíquica complexa, cuja função é a de reunir o corpo até então fragmentado do bebê em uma unidade. Com o auxílio daquilo que nos diz Freud no importante texto "Sobre o narcisismo: uma introdução" (1914/1996b), é possível compreender que a tal ação psíquica dependeria, de fato, de uma relação com outro indivíduo, que, ao acionar seus próprios recursos narcísicos durante o cuidado do bebê, facilitaria a formação integradora desse novo Eu:

posso ressaltar que estamos destinados a supor que uma unidade comparável ao ego não pode existir no indivíduo desde o começo; o ego tem que ser desenvolvido. Os instintos autoeróticos, contudo, ali se encontram desde o início, sendo, portanto, necessário que algo seja adicionado ao autoerotismo – uma nova ação psíquica – a fim de provocar o narcisismo. (p. 84)

Embora o desenvolvimento físico-emocional da cria humana dependa, de modo absoluto, de um cuidador, a psicanálise constantemente esbarra na impossibilidade de demarcar os limites quantitativos de investimento pulsional que seriam recomendáveis às crianças. Sabemos apenas ser necessário uma dose satisfatória de sedução e cuidado (sem excesso ou escassez) e um bom processo de narcisação da criança, que permita, a um só tempo, fomentar suas potencialidades e demarcar os limites do próprio corpo e do psiquismo. Preocupado com essa ausência de bordas entre mãe e filho, Freud chega ao ponto de discorrer sobre uma "situação ideal", na qual uma mãe seduz sem, no entanto, se tornar excessiva em sua ternura para com a criança. Assim, "evita cuidadosamente levar aos genitais da criança mais excitações do que as inevitáveis no cuidado com o corpo" (Freud, 1905/1996a, p. 211). Para ele, os excessos cometidos com maior frequência por pais neuróticos poderiam se tornar perniciosos ao anteciparem a maturidade sexual da criança ou, ainda, torná-la insaciável em relação aos cuidados que lhe são destinados desmedidamente. Seja como for, Freud (1931/1996d) alerta: "Onde intervém, a sedução invariavelmente perturba o curso natural dos processos de desenvolvimento e com frequência deixa atrás de si consequências amplas e duradouras" (p. 240).

A complexidade dos limites dessa tênue linha que separa um processo de libidinização suficiente e saudável de um outro, excessivo e patológico, assim como os efeitos patogênicos que podem desencadear no psiquismo nascente, fez com que as variadas dimensões do cuidado dos adultos se tornassem alvo constante da preocupação de autores pós-freudianos, entre os quais se destacam Winnicott, Bion e Laplanche, que, a partir da teoria das relações objetais, buscaram compreender o que seria uma relação de cuidado ético e o seu limiar extraviante.

Visando apresentar uma compilação das funções de cuidado trabalhadas por vários psicanalistas, Figueiredo (2007) parte da seguinte premissa: "Chamaremos de ética a esta dimensão da disposição do mundo humano em receber seus novos membros; nela as operações de separação e ligação – corte e costura –, tão decisivas

156 UM EXCESSO QUE NÃO SE VÊ

no fazer sentido se manifestam da forma mais cristalina..." (p. 133).

Com essa marcação, o autor antecipa a ligação que estabelecerá entre a qualidade de funcionamento dos processos simbólicos do aparelho psíquico daquele que recebe o bebê no mundo e a reverberação dessa condição na sua capacidade de cuidar. Afinal, para se constituir uma relação de cuidado é preciso, antes de tudo, que o sujeito seja capaz de perceber o outro em sua singularidade, ou seja, que tenha estabelecido dentro de si, com firmeza e propriedade, a representação da alteridade. Em outras palavras, é necessário que o sujeito adulto deixe de perceber o outro de modo fragmentado, tal como ocorre numa relação de objeto parcial (em que o outro é apenas um meio para se obter satisfação pulsional),[1] e passe a estabelecer uma relação de objeto total. Somente dentro dessa modalidade de funcionamento mental (nomeada como posição depressiva pela metapsicologia kleiniana) seria possível o exercício de uma prática ética do cuidado, na qual o cuidador pudesse acolher o outro percebendo não apenas suas próprias limitações, mas também aquelas do sujeito-alvo de seus cuidados.

Assim, segundo o autor, para se configurar uma relação ética com aquele objeto de cuidado, a apresentação da alteridade precisaria agir em certo equilíbrio dinâmico – em uma medida suficiente entre a presença implicada do cuidador e, ao mesmo tempo, a capacidade dele de ausentar-se, manter-se em reserva, de modo a evitar a sobreposição traumática extraviante da pulsionalidade do adulto sobre a criança (situação que caracteriza, em termos kleinianos, uma relação perversa, calcada inteiramente no modelo da relação de objeto parcial). Nesse terreno onde não houve uma integração, seja do *self*, seja da percepção do objeto externo, facilmente

---

1 Por meio de sua escuta clínica, Freud compreendeu que a eleição do objeto de fetiche atua como um substituto de um objeto primário – dinâmica que pode ser observada pelo exemplo dado por ele, no artigo "O fetichismo" (1927), de um jovem cuja excitação se dava por meio de determinado "brilho no nariz".

o outro pode ser tomado como uma extensão do próprio Eu, tal como ocorre nas relações de "dependência absoluta" descritas por Winnicott, nas quais reinaria a graciosa ilusão fusional: de um lado, temos um bebê que mama em um seio que é ele e, do outro, uma mãe que amamenta um bebê que é ela. Com o aprisionamento psíquico, nesses tempos em que o corpo do outro é apenas uma extensão do próprio corpo, facilmente se instala a possibilidade de que essa "filial" continue a ser usada, ao longo da vida, como fonte de satisfação, de forma desmedida, impiedosa, ou, ainda, como um alvo de hostilidades inimagináveis.

De fato, os cem anos de exercício clínico da psicanálise serviram para corroborar as palavras de Freud e comprovar quanto a revivescência narcísica no corpo do filho pode abrir uma fenda abissal que, além de acolher a projeção da sexualidade arcaica do adulto, implanta excessos pulsionais de difícil representação no psiquismo em formação. As palavras da mãe de um paciente esquizofrênico podem ilustrar a força dramática, enlouquecedora, presente na desmesura dessas projeções: "Eu gostava tanto de dar de mamar para ele que, quando ele já estava cheio, eu punha o dedo na sua boquinha e fazia ele vomitar. Aí, eu podia dar de mamar de novo!". Confissão simplória, feita com orgulho, por uma mãe que veio do campo em atendimento a uma convocação da rede pública hospitalar, que tentava dar suporte psicoterápico a um paciente esquizofrênico. Embora tais palavras da mãe, evidentemente, coloquem em suspeita o estado mental dessa mulher, desencadeando um fecundo veio de discussão acerca da extensão psicótica dessa relação mãe e filho, aqui a usaremos apenas para ilustrar quão comprometedora pode ser a falta de reconhecimento da alteridade. Além do mais, serve também para mostrar como o espaço que existe nas relações de cuidado permite que o cuidador, ao exercer as funções de continência, suporte ou sedução, "passe da medida" e exerça sua função de forma excessiva, controladora.

158 UM EXCESSO QUE NÃO SE VÊ

Situações que se constituem como experiências extremamente intrusivas, sufocantes, que enclausuram a criança e impossibilitam comportamentos reativos, defensivos ou, ainda, a criação de sentidos para tais experiências.

My Little Princess

A fim de acompanharmos as possíveis origens do extravio das relações de cuidado, especialmente aquelas em que se configura um arranjo intrusivo, selecionamos um filme que suscita reflexões acerca do atravessamento do sexual e do conflito adulto na relação de cuidado. Trata-se de *My Little Princess* (2011), um drama autobiográfico que relata a infância conturbada da diretora Eva Ionesco, focado em seu relacionamento com a mãe, a fotógrafa Irina Ionesco. De acordo com Mandelbaum (2011), Irina fotografou a filha Eva em poses eróticas dos 4 aos 11 anos de idade, conquistando, com tal trabalho, fama, reconhecimento e inúmeras críticas.

O filme inicia-se com uma cena da infância de Violetta (Eva Ionesco), jogando "amarelinha" e brincando com suas bonecas. Hanna (Irina Ionesco) é uma artista plástica que nunca está presente em casa, deixando a criação da menina sob a responsabilidade da bisavó materna. Apesar de Violetta demonstrar claramente quanto sentia falta dessa mãe, praticamente implorando para que ficassem mais tempo juntas, suas súplicas não eram atendidas. No entanto, certo dia, enquanto Violetta andava de patins, a mãe, percebendo a graciosidade da menina, convida-a para ir até seu estúdio. Lá ela lhe oferece comida e diz: "Faz tanto tempo que você não vem aqui, temos que fazer valer o tempo perdido!". Hanna solta o cabelo da filha, elogiando-lhe a beleza. Afirma que, se antes Violetta não tinha idade suficiente para entendê-lo, agora ela poderia mostrar-lhe o seu trabalho: fazer fotografias de mulheres. Dito isso, pergunta se a filha gostaria de posar para ela e recebe uma resposta afirmativa. Diante da câmera, a primeira atitude de Violetta é sorrir – gesto que é coibido pela fotógrafa, que, em seguida, ensina a garota a se portar de modo sensual nas fotografias. Ao término da sessão fotográfica, a mãe pede sigilo à filha. A menina, que vê na fotografia uma forma de aproximação com essa mãe ausente, não conta que está sendo fotografada. Esta última cena deixa entrever que algo da ordem de um excesso pulsional ocorreu e, nesse mesmo instante, se instaura um pacto de silêncio similar àqueles ocorridos em situações de abuso sexual. França e Lacerda (2014), ao abordarem o segredo na clínica da violência sexual, afirmam:

> *Verificamos na literatura que vários pesquisadores da área apontam uma grande frequência de casos em que o abusador, a vítima e possíveis testemunhas estabelecem entre si um "pacto de segredo", imposto por uma relação autoritária de poder, a partir da combinação de sedução e ameaça. (p. 69)*

Violetta, em busca de um olhar que a sustente narcisicamente (McDougall, 1983), vê uma oportunidade de fazer parte do mundo da mãe, e Hanna, excitada com o corpo feminino e infantil da filha e, ao mesmo tempo, almejando uma grande oportunidade de sucesso profissional e benefício pessoal, toma a menina como objeto do seu olhar. A confusão de línguas está instalada: a criança em busca da ternura e o adulto respondendo com a paixão (Ferenczi, 1933/1992).

Seguem-se encontros sedutores, nos quais a menina, ao mesmo tempo que vai sendo alienada de seu mundo, é levada a incorporar elementos do universo adulto. Assim, a mãe começa a buscar a filha na escola, passa a dar-lhe de presente objetos que incitam a sensualidade, inserindo-a, aos poucos, nos ambientes noturnos

160   UM EXCESSO QUE NÃO SE VÊ

que frequenta – locais onde Violetta presenciará cenas com forte teor erótico. As fotos da garota ficam cada vez mais sensuais, e ela torna-se, subitamente, a modelo predileta e mais lucrativa da mãe.

Em uma das sessões de foto, Hanna pede à menina que abra bem as pernas para poder captar sua genitália, mas Violetta alega que as pessoas saberão que ela é uma criança, pois ainda não possui pelos em seus genitais. A mãe, por sua vez, afirma que é esse fato que torna aquilo belo: "É proeminente", diz ela, destacando, enfim, a conotação perversa do seu olhar através das lentes. Violetta é tomada como objeto parcial de uma mãe que, numa perspectiva laplancheana,[2] está atravessada pelos seus próprios enigmas. Esse momento do filme nos dá um ótimo exemplo da grande diferença que há entre a implantação do sexual proveniente das tarefas do cuidado e uma ação que caracteriza um abuso sexual, intrinsecamente marcado pelo gozo do adulto às custas da exclusão da criança enquanto sujeito numa relação de alteridade. Assim, tratando a menina da mesma forma que suas modelos adultas, Hanna parece acreditar que Violetta possui inteira consciência do que está acontecendo, não enxergando a existência de uma relação desigual entre ela e a filha.

Como era esperado, mudanças na personalidade da menina vão se configurando: ela começa a se vestir de maneira sensual e destoante do universo infantil – fenômeno denominado por Ferenczi (1933/1992) como "progressão traumática". Nas palavras do psicanalista, "a criança que sofre agressão sexual pode repentinamente, sob a pressão da urgência traumática, desenvolver todas as emoções de um adulto já maduro" (Ferenczi, 1933/1992, p. 354). As experiências traumáticas começam a produzir efeitos de dessubjetivação, e o distanciamento dos colegas não tarda a acontecer: em uma das

---

2   De acordo com a proposta teórica de Laplanche, as invasões libidinais não diretamente genitais, tais como os carinhos e banhos dados na criança, seriam tão sexuais quanto as que visam a uma satisfação genital.

cenas do filme, Violetta aparece cabisbaixa, isolada no pátio da escola, pois algumas crianças, após tomarem conhecimento do conteúdo de suas fotos, denunciaram o ocorrido, nomeando-o como incesto.

Enfim, o filme retrata, de modo belo, a trama de uma mãe que, emaranhada por conflitos relacionados à sua própria sexualidade, invade o psiquismo da filha com uma pulsionalidade desintegradora, mortífera. A menina, além de não ter recursos simbólicos suficientes para a tradução dessas mensagens enigmáticas, sequer tem um adulto confiável e disposto a legitimar seu testemunho diante de tamanho sofrimento, de modo a tirá-la da sina de ser prisioneira dessa relação perversa.

Mais adiante, o filme esclarece a história de Hanna: ela era fruto do relacionamento incestuoso de sua mãe com o próprio pai, o que fortalece a hipótese de ela ter sido invadida pelo enigma de uma sexualidade disruptiva, que não pôde ser contida nem traduzida num ambiente em que reinava um pacto de silêncio. Quando se torna mãe, Hanna se vê completamente impotente para cuidar da filha, e a entrega à sua própria avó, numa tentativa frustrada de reparar, por procuração, o dano que sua mãe havia lhe causado ao ter um relacionamento incestuoso. No entanto, a marca da transgeracionalidade, isto é, da reedição inconsciente do histórico de relações abusivas que se perpetuam ao longo de gerações, rompendo as barreiras da repressão, leva Hanna a tornar-se o algoz, o agressor sexual, e tomar a filha como objeto de prazer, tal qual seu avô tomara sua mãe.

> *A repetição que se instala quando uma mãe que sofreu abuso é conivente com a violência sexual sofrida por seu filho parece ser "repetição do mesmo", uma vez que não produz novidade e aproxima-se da reprodução estereotipada. Essas mães são impelidas a reproduzir a situação original, criando um ciclo silencioso que não consegue*

*promover ligações psíquicas, mas constitui-se como uma
forma primitiva para dar um destino ao excesso pulsional provocado pela traumatização de que foram vítimas
no passado. (França, Rodrigues, & Mendes, 2008, p. 4)*

Delineando a concepção de cuidado

Retomando, então, a questão com a qual iniciamos este escrito, diríamos que para tornar-se cuidador é preciso atravessar um
complexo processo de amadurecimento, fruto de integração das
partes clivadas do Eu e do objeto. Momento que, na metapsicologia
kleiniana, caracteriza a entrada na posição depressiva e a vivência
de objeto total. Somente a partir dessa configuração será possível
reconhecer o outro como sujeito desejante, "como alguém a ser
preservado e não consumido" (Figueiredo & Cintra, 2004, p. 79).

Assim, o caráter das relações entre adultos e crianças pode estar atravessado pelas experiências arcaicas dos adultos com suas
imagos parentais, pelas mensagens que foram destinadas a eles e
que engendraram conflitos inconscientes que serão mobilizados
na atual relação com a criança. Entretanto, não podemos deixar de
ponderar que a constituição psíquica de cada criança ativará distintas reações no aparelho psíquico do adulto cuidador, mobilizan-
do fantasias e investimentos libidinais completamente singulares.
Emoldurando a maneira como cada indivíduo pode lidar com as
marcas de sua história, temos as designações culturais que, de tempos em tempos, estabelecem ditames e esquemas de orientações
aos pais.[3] Em razão dessa variedade de configurações, não será

---

3 Na tentativa de enfrentar o desatino dos abusos sexuais de crianças em nossa
   sociedade, uma década atrás, alguns pediatras passaram a orientar os pais a
   condicionarem seus filhos pequenos a deixar que apenas os pais tirassem suas
   roupas, e que gritassem muito caso algum outro adulto tentasse fazê-lo. Não é

possível estabelecer diretrizes claras de contato entre o cuidador e o corpo da criança.

O psiquismo do adulto, porém, pode encontrar-se tão invadido por elementos desintegrativos que fica completamente incapacitado de decodificar o estado e as necessidades da criança, tal como retrata o filme que acabamos de comentar. E, se, além disso, esse adulto começar a receber, por meio da identificação projetiva, as vivências primitivas perturbadoras da criança, veremos que, em vez de cumprir sua função de auxiliar no processo elaborativo dessas vivências, ele acionará as mais variadas defesas, como uma tentativa desesperada de livrar-se dos estados agonizantes em que foi imerso, tornando impossível, nesses casos, qualquer relação intersubjetiva eficaz.[4] Lembremos que

> *Melanie Klein achava que o início da vida é sempre muito problemático, turbulento e capaz de gerar níveis da angústia – as angústias arcaicas de caráter psicótico, persecutórias e depressivas – superiores à capacidade de tolerância do bebê e da criança pequena, e que essas angústias tinham um impacto muito profundo e perturbador nas relações do bebê com sua mãe.... Há, em particular, uma limitação séria para o manejo familiar espontâneo dessas angústias básicas: a aversão civilizada à verdade do sexo e da destrutividade. (Figueiredo & Cintra, 2004, p. 173)*

---

difícil imaginar a confusão que tal orientação provocou na rotina dos jardins de infância, ou ainda o "estrago" nas relações de confiança da criança com os adultos que dela cuidavam.

4 Os dados estatísticos de infanticídio desencadeados pelo choro compulsivo dos bebês ilustram o ponto de desintegração que uma carga projetiva e angustiante pode desencadear no adulto cuidador, que, em desespero depois do ato, dirá: "Eu não queria que ele morresse, eu só queria que ele parasse de chorar".

164 UM EXCESSO QUE NÃO SE VÊ

Enfim, depois de estabelecidos alguns parâmetros consensuais na teoria psicanalítica para esboçar as condições psíquicas do cuidador, resta-nos concluir o óbvio: essa tarefa independe das capacidades instintuais de uma pessoa, ou da construção da sua identidade de gênero. Apesar de a cultura induzir a uma excessiva idealização e responsabilização das mulheres nessas tarefas de cuidado, levando todos a crer que, quanto maiores forem a dedicação e os carinhos dirigidos à criança, tanto mais garantido estará o seu desenvolvimento saudável, não podemos deixar de chamar a atenção para o risco dos excessos e transbordamentos maternos.

Zimmermann (2012) chegou a constatar que aproximadamente 20% a 25% dos abusos sexuais em crianças são perpetrados por mulheres. Apesar de as estatísticas demonstrarem que a percentagem de homens abusadores é significativamente maior que a de mulheres, é perceptível a existência de práticas abusivas cometidas por pessoas do gênero feminino. Na literatura psicanalítica são raros os relatos de abuso sexual envolvendo as mulheres. Um exemplo clássico, muito lembrado, é o caso do "Homem dos Ratos", no qual Freud (1909/1996c) transcreve a fala de seu paciente:

Minha vida sexual começou bastante cedo.... tínhamos uma governanta jovem e muito bela, a Sra. Peter. Uma noite, ela lia, deitada no sofá, com roupas leves; eu estava a seu lado e pedi que me deixasse entrar sob sua saia. Ela o permitiu, desde que eu não falasse a ninguém sobre isso. Ela estava com pouca roupa, e eu toquei nos seus genitais e no ventre, que me pareceram esquisitos... Quando ia para sua cama, eu a descobria e a bolinava, o que ela consentia sem nada dizer. (p. 144)

Roudinesco (2003) também nos lembra de outro caso de relação abusiva por parte de uma figura do gênero feminino. Trata-se de um caso descrito em 1989 pelo psicanalista Leonard Shengold:

> *A cena mais estarrecedora desses relatos de caso é provavelmente aquela em que um homem de uns trinta anos, casado e pai de família, descobre, durante uma breve análise, a lembrança inteiramente recalcada do ato incestuoso cometido com sua mãe na idade de doze anos. A penetração se repetira diversas vezes até o momento em que, pela primeira vez, o menino tivera uma ejaculação. Aterrorizada com a ideia de uma possível fecundação, a mãe fugira aos gritos. (p. 189)*

Lembrar desses registros históricos de mulheres que abusaram sexualmente das crianças de quem cuidavam não deixa de ser importante diante da realidade que nos circunda: as possíveis subnotificações de denúncias sobre mulheres ou mães abusadoras, o que certamente mascara os números oficiais das estatísticas. É certo que existe uma limitação factual: uma vez feita a denúncia, existem dificuldades para se encontrarem provas evidentes do abuso sexual, uma vez que em nossa cultura é visto como natural a intimidade entre os corpos das mulheres e seus filhos. Mas, para além dessa concretude material, há algo que vige, soberano, em todos nós: a defesa inconsciente do mito do amor materno. É por isso mesmo que, diante dos diversos questionamentos a respeito da insuficiência de pesquisas psicanalíticas em torno de relações abusivas entre mães e filhos, reiteramos o que França (2014) concluiu:

> *Portanto, a hipótese que formulo para a leniência da sociedade e o silêncio da psicanálise tem a ver com a ine-*

166 UM EXCESSO QUE NÃO SE VÊ

> *vitabilidade da sedução materna, tão necessária à nossa entrada na vida, seja porque precisamos ser fisgados pelo olhar do objeto maternante, por sua continência psíquica ou pela implantação de mensagens que estimularão a nossa vida pulsional. Mas será mesmo que, além dessa ancoragem originária, também somos prisioneiros das barreiras culturais que nos impedem de pensar livremente na possibilidade da mãe pedófila? (p. 212)*

Sabendo que, dentro da fundamentação psicanalítica, a sedução é característica das relações objetais e constitutiva da subjetividade (independentemente do gênero), e que as relações perversas se vinculam às marcas psíquicas a que o indivíduo foi submetido ao longo de sua própria história de cuidados (seja como criança, seja como cuidador), só nos resta apostar no grande desafio lançado por Figueiredo, para quem a técnica psicanalítica, ao abrir caminhos verbais para que o irrepresentável pulsional possa ser simbolizado, muito tem a oferecer. Eis o desafio:

> *Recuperar esta capacidade (de cuidar) nos parece uma tarefa urgente e preciosa, tanto para os agentes de cuidados – entre os quais o psicanalista – quanto para todos os humanos. Cremos que seja a única forma de dar à vida que levamos, e ao mundo em que vivemos, sentido e valor. (Figueiredo, 2007, p. 151)*

Referências

Ferenczi, S. (1992). Confusão de línguas entre os adultos e as crianças. In S. Ferenczi, *Obras Completas* (Vol. 4, pp. 111-121). São Paulo: Martins Fontes. (Trabalho original publicado em 1933).

Figueiredo, L. C. (2007). A metapsicologia do cuidado. In L. C. Figueiredo, *As diversas faces do cuidar: novos ensaios de psicanálise contemporânea* (pp. 131-151). São Paulo: Escuta.

Figueiredo, L. C., & Cintra, E. M. (2004). *Melanie Klein: estilo e pensamento.* São Paulo: Escuta.

França, C. P. (2014). A mulher pedófila: impasses e desafios. In C. P. França (Org.), *Tramas da perversão: a violência sexual intrafamiliar* (pp. 209-222). São Paulo: Escuta.

França, C. P., & Lacerda, R. (2014). Ilhas e trilhas do segredo. In C. P. França (Org.), *Tramas da perversão: a violência sexual intrafamiliar* (pp. 65-75). São Paulo: Escuta.

França, C. P., Rodrigues, D. H., & Mendes, A. P. N. (2008). *A violência do abuso sexual infantil: interfaces da compulsão à repetição e da identificação com o agressor.* Departamento de Psicologia, Faculdade de Filosofia e Ciências Humanas, Universidade Federal de Minas Gerais. Recuperado de http://www.fafich.ufmg. br/prisma/images/stories/Docs/gt2/A_violencia_do_abuso.pdf

Freud, S. (1996a). Três ensaios sobre a teoria da sexualidade. In S. Freud, *Edição standard brasileira das obras psicológicas completas de Sigmund Freud* (Vol. 7, pp. 119-131). Rio de Janeiro: Imago. (Trabalho original publicado em 1905).

Freud, S. (1996b). Sobre o narcisismo: uma introdução. In S. Freud, *Edição standard brasileira das obras psicológicas completas de Sigmund Freud* (Vol. 14, pp. 77-108). Rio de Janeiro: Imago. (Trabalho original publicado em 1914).

Freud, S. (1996c). Notas sobre um caso de neurose obsessiva. In S. Freud, *Edição standard brasileira das obras psicológicas completas de Sigmund Freud* (Vol. 10, pp. 159-317). Rio de Janeiro: Imago. (Trabalho original publicado em 1909).

168 UM EXCESSO QUE NÃO SE VÊ

Freud, S. (1996d). Sexualidade feminina. In S. Freud. *Edição standard brasileira das obras psicológicas completas de Sigmund Freud* (Vol. 21, pp. 231-251). Rio de Janeiro: Imago. (Trabalho original publicado em 1931).

Laplanche, J. (1988a). A pulsão e seu objeto-fonte: seu destino na transferência. In J. Laplanche, *Teoria da sedução generalizada e outros ensaios* (pp. 72-83). Porto Alegre: Artes Médicas.

Laplanche, J. (1988b). Da teoria da sedução restrita à teoria da sedução generalizada. In J. Laplanche, *Teoria da sedução generalizada e outros ensaios*. Porto Alegre: Artes Médicas.

Mandelbaum, J. (2011, 17 maio). "My Little Princess": Eva Ionesco filme son enfance volée. *Le Monde*. Recuperado de http://www.lemonde.fr/festival-de-cannes/article/2011/05/17/my-little-princess-eva-ionesco-filme-son-enfance-volee_1523121_766360.html

McDougall, J. (1983). Narciso à procura de uma nascente. In: J. McDougall, *Em defesa de uma certa anormalidade: teoria e clínica psicanalítica* (pp. 115-132). Porto Alegre: Artes Médicas.

My Little Princess. Produção: François-Xavier Frantz. Direção: Eva Ionesco. França/Romênia: Alambique, 2011. DVD (105 min).

Roudinesco, E. (2003). *A família em desordem*. Rio de Janeiro: Zahar.

Zimmermann, B. (2012). *Mulheres que abusam sexualmente do gênero masculino: um estudo exploratório* (Trabalho de conclusão de curso). Centro de Ciências Biológicas e da Saúde, Universidade Presbiteriana Mackenzie, São Paulo.

9. As palavras dos adultos sobre o abuso sexual: reverberações no psiquismo infantil[1]

Anna Paula Njaime Mendes
Nívea de Fátima Gomes

A recorrência da violência sexual e do assédio, inclusive por meios digitais, levanta questionamentos sobre o papel do cuidador: como agir, como conversar com as crianças sobre esse assunto? Como fazer para que a criança aprenda a se defender ou busque ajuda quando estiver em apuros? De que forma se deve abordar a violência sexual infantil? Neste capítulo, serão analisadas as incidências, para a criança, das palavras e reações dos adultos diante da violência sexual – temida ou consumada.

A despeito da liberação sexual e da erotização da infância assistida nas últimas décadas, a comunicação sobre o abuso sexual e a pedofilia ainda deixa pais e profissionais paralisados, com um grande temor de que possam promover a estimulação sexual precoce da criança, induzir falsas memórias, ou evocar conteúdos para cuja compreensão a criança ainda não conta com os aparatos psíquicos

---

1 Artigo modificado, publicado originalmente nos anais do IV Colóquio de Psicanálise com Crianças – *Pensando a sexualidade da criança no século XXI* (2016), do Instituto Sedes Sapientae, com o título "Incidências das palavras do adulto acerca do abuso sexual infantil".

necessários. De fato, a desconfiança de que há estimulação ou sedução nas trocas entre cuidador e criança não é descabida.[2]

Assim, a ausência de orientação e diálogo com as crianças pode refletir esse temor de que tratar do tema abertamente com elas possa acabar por contaminar seu mundo infantil com ideias inapropriadas. Diante do medo e das dúvidas, alguns adultos refugiam-se no silêncio absoluto ou dizem para a criança que "só pode confiar no papai e na mamãe", transmitindo a ideia de que todos os outros representariam um perigo em potencial e de que ela própria seria um objeto de desejo. No outro extremo, estão os pais que decidem falar e mostrar tudo à criança sem mediação ou recursos simbólicos. Nesse sentido, Laplanche (2015) alerta para a cautela necessária à análise desse problema:

> *Conhecemos todos os absurdos, os paralogismos e as caças às bruxas que têm sua origem na confusão de uma questão que, aliás, é difícil: a delimitação entre as mensagens nas quais se infiltram, como sintoma, lapsos ou atos falhos da sexualidade infantil inconsciente do adulto (isso é inexorável), e os atos sexuais*

---

2 É importante elucidar que a estimulação excessiva não provém necessariamente de um ato intencional de um adulto abusador. É o caso de crianças expostas a material erótico por descuido dos adultos ou à sexualidade dos pais quando adultos e crianças compartilham o quarto. Outro exemplo é oferecido pelo caso de uma paciente de 8 anos que, tendo sido deixada pela mãe quando ainda era amamentada, pedia à avó para brincarem de "mamar no peito". A avó, que não tinha vida sexual com o marido, aceitava estabelecer com a neta um jogo homoerótico de "oferecer o peito", bem como "dar selinho". Esclarecemos ainda que a sedução envolvida nas trocas entre criança e cuidadores não é sinônimo de abuso, pois, como afirmou Freud (1905/2006a, p. 210), "a ternura também pode ser muito excitante". A teoria da sedução generalizada de Laplanche (1988) diz respeito à sedução tomada neste sentido amplo.

a que a criança é submetida à força, em que a parte
da mensagem é cada vez mais tênue, enquanto cresce,
ao contrário, a violência desligada, sinal da perversão
psicopata. (p. 277)

A orientação contra o abuso: além das palavras

O diálogo com os pais, no intuito de prepará-los para oferecer esclarecimentos aos filhos, foi a trilha escolhida por Dolto (2008) ao aceitar participar, na década de 1970, de um programa de rádio francês que consistia em responder às cartas de pais com dúvidas sobre o desenvolvimento e a educação dos filhos.[3] Um dos aspectos notáveis nas respostas de Dolto – diante de uma variedade de temas, entre os quais figurava a sexualidade das crianças – é a importância atribuída à conversa simples, verdadeira e viva com os filhos.

Ressaltamos, ainda, suas orientações a respeito de comportamentos dos pais que podem, sem que percebam, excitar precocemente a criança. Dolto aponta que determinadas atitudes dos pais demarcam limites entre os adultos e as crianças e compõem a educação sexual. Atitudes e situações cotidianas – como ter um quarto individual ou um armário com chave para esconder dos pais e irmãos o que for mais precioso para a criança – transmitem simbolicamente os limites que nos resguardam nos contatos uns com os outros, conclui a autora. Do mesmo modo, quando uma criança se opõe a cumprimentar com abraços e beijos várias pessoas numa reunião social e não é forçada a isso, quando lhe explicam sobre a necessidade de ser tocada durante uma consulta

---

3 Esta experiência foi registrada no livro de Dolto (2008).

médica ou quando o adulto estabelece regras para as brincadeiras corpo a corpo, algo estaria sendo comunicado a ela sobre os limites do outro no que diz respeito ao seu corpo e vice-versa.

A partir desses apontamentos, depreende-se que a educação sexual de crianças e, particularmente, a orientação para ajudá-las a identificar ou denunciar o abuso sexual poderiam ser introduzidas e alicerçadas em noções como as de privacidade, intimidade e limite, construídas na relação do outro com seu corpo, seus segredos, sua história, seus objetos mais valiosos. Dessa maneira, possivelmente, teremos um cenário mais favorável para que as palavras dos adultos e o conteúdo dos materiais (músicas, livros e vídeos) destinados a orientar as crianças sobre o risco de abuso sexual possam ser apropriados. Essa hipótese nos ajuda a compreender como algumas crianças que nunca receberam qualquer orientação direta podem ter alcançado os recursos psíquicos necessários para perceber que algo não está bem e reagir. É o que ilustra o relato de V., 38 anos, ao relembrar a situação que viveu:

Aos 9 anos, comecei a desconfiar do meu pai, pois acordava à noite e ele estava sentado na cama da minha irmã, passando a mão nela. Um dia cheguei em casa e ele estava agarrando ela por trás. Fiquei descontrolada, joguei as cadeiras da sala todas no chão, quebrei coisas, gritei com ele. Tentou me acalmar, pedir que eu não contasse para ninguém, mas saí correndo, contei para minha mãe, decidi que minha irmã não podia mais ficar ali, liguei para minha avó e falei que era para o meu tio buscá-la naquela hora. Minha mãe chorava, falava que meu pai seria preso, mas aquilo não estava certo. Minha irmã passou uma semana na casa da minha avó, depois voltou. Meu pai nunca mais fez nada que eu tenha visto. Quando uma prima adolescente foi morar no barracão da minha casa, conversei com ela e contei sobre o meu pai, precisava alertá-la. Foi o que fiz também quando minha outra irmã tinha uns 5 anos.[4]

Alcance e limites dos materiais informativos

Dispomos hoje de vários livros, cartilhas e vídeos, destinados ao público infantil, visando oferecer orientação contra o abuso sexual. Muitos desses materiais ilustram situações abusivas, por exemplo: "Se alguém quiser fotografá-la sem roupa, lhe pedir para tocar nas suas partes íntimas, lhe dar presentes para que fique em silêncio... diga não!",[5] ou então contrapõem situações suspeitas a outras que correspondem a demonstrações genuínas de carinho e cuidado por parte dos adultos. Pretende-se, assim, instrumentalizar a criança para que ela possa reconhecer quando um contato é abusivo e recorrer à ajuda de um adulto de confiança, se for o caso.

A mensagem central desses materiais diz respeito à *proibição* do abuso sexual contra crianças. Nesse ato proibido, a vítima é sempre a criança, o que pode encorajar o pedido de ajuda, afinal, "a admissão de culpa e a vergonha resultante talvez sejam as razões básicas para que a criança molestada não fale" (Silva, Souza, & Santos, 2013, p. 99). Nesse sentido, P., de 9 anos, iniciou o relato à família sobre o abuso que vinha sofrendo fazendo referência ao caráter proibitivo do abuso: "Sabe aquele cartaz 'pedofilia é crime'? Pois é, o meu tio...". Outra criança, que negava as evidências do

---

4 Os casos clínicos citados neste capítulo foram conduzidos pelas próprias autoras.
5 Os trechos aqui citados foram retirados de vídeos disponíveis na internet.

abuso sofrido, pôde contar o que aconteceu após ver um vídeo que tinha como foco informar sobre o que um adulto não pode fazer com o corpo de uma criança.

No entanto, uma situação abusiva nem sempre é claramente discernível como tal. Desse modo, dizer à criança, por exemplo, que "no nosso coração nós temos um radar para saber quando o mal quer nos pegar... Bons toques nos fazem sentir bem. Maus toques nos deixam confusos" pode significar dar-lhe a responsabilidade de fazer um julgamento para o qual talvez não tenha recursos internos suficientes. Sabemos ainda que um contato abusivo nem sempre provoca imediatamente (ou apenas) reações desagradáveis, confusão ou angústia, podendo até mesmo ser confundido com manifestações de carinho.

Outro aspecto fundamental, com vistas a preservar a possibilidade de confiar nos adultos, é o esclarecimento de que a maioria das pessoas não comete abusos contra crianças (Silva, Souza, & Santos, 2013). Ademais, para que o diálogo ultrapasse a mensagem sobre o risco de abuso e seja, de fato, uma proposta de orientação, é preciso incluir na conversa o conhecimento sobre o próprio corpo, as diferenças entre adultos e crianças e o direito de dizer "não".

Talvez uma das contribuições mais importantes desses materiais informativos e lúdicos seja servir como suporte *para os adultos*, ante suas próprias dificuldades, na medida em que podem criar abertura para que o tema seja abordado com as crianças. O próprio fato de um adulto acompanhar a criança durante a leitura de uma cartilha ou exibição de um vídeo informa-lhe que esse tema é legítimo. Além disso, os materiais servem ainda como uma tela de proteção entre os conteúdos sexuais inconscientes do adulto e o psiquismo infantil.

Atitudes e palavras dos adultos diante do abuso

Já não bastassem as questões inerentes a um trauma sexual – que de imediato colocam em xeque a confiabilidade, a capacidade de proteger e cuidar dos adultos que rodeiam essas crianças –, ainda é preciso lidar com os tropeços dos pais, educadores e demais profissionais. A partir da denúncia que estanca, ou deveria estancar, a sangria de invasões e excitações ao corpo da criança, inicia-se uma peregrinação por diversos dispositivos sociais, da saúde e jurídicos: conselho tutelar, delegacia, hospital, Instituto Médico Legal, os quais têm se esforçado para humanizar e não revitimizar a criança. Apesar dessa intenção, nesses locais, a criança é inquirida e examinada, questionada, solicitada a repetir e detalhar o que lhe ocorreu, muitas vezes a despeito de sua vontade de manter o silêncio.

O caso de S., 9 anos, ilustra a questão. A criança relatou que vinha sofrendo abuso sexual. Seus pais fizeram a denúncia, e ela prestou depoimento em cinco ocasiões diferentes. Passou mal durante o depoimento duas vezes, sendo que, em uma delas, chegou a evacuar na roupa. Então, ficou relutante em retornar à delegacia. Ao mesmo tempo, começavam os atendimentos psicológicos. Nada sobre o abuso sexual foi perguntado à criança, que trouxe o relato espontaneamente na terceira sessão. Desse modo, pretendia-se demarcar diferenças entre o trabalho terapêutico e o investigativo e criar condições para a formação do laço transferencial, dando à criança a liberdade de falar no seu tempo ou até mesmo nada dizer diretamente.

Com o intuito de minimizar os danos à criança, torna-se imprescindível discutir, apurar as formas de proceder, encontrar referenciais teóricos que possam orientar e dar suporte para os profissionais e para nós, analistas de crianças. Introduzir o tema do abuso ou esperar, ater-se às intervenções no interior do jogo ou fazer referência direta às experiências da criança, buscar a rememoração e incitar a fala ou respeitar o silêncio... São alguns pontos que o psicanalista de crianças terá que ponderar nestes casos. As palavras dos adultos – profissionais e familiares – terão impacto direto nas possibilidades de legitimação e elaboração do trauma vivido.

Algumas vezes, as reações dos adultos são influenciadas pela existência de violência física conjugada à vivência do abuso sexual infantil: julgam que quanto mais sequelas corporais a criança tiver tido, mais intenso será o trauma psíquico resultante. A experiência clínica sugere que, quando a violência física é proeminente, todos se mostram muito mais sensibilizados, desdobram-se para oferecer cuidados e tomar as devidas providências. Por outro lado, nos casos em que não há evidências de violência física, estabelece-se no entorno um sentimento de desconfiança de que pode ter havido um consenso entre a criança e o abusador, ou de que seu relato possa ser fantasioso. Nesse ponto, chegamos a uma questão de extrema importância, que traz consequências desastrosas para a criança: a negação da realidade do evento traumático *não pela própria criança* (como acontece na rejeição ou recusa freudianas), mas justamente pelos adultos à sua volta.

O *desmentido*, peça essencial para a teoria do trauma ferencziana, é considerado mais decisivo do que a violência propriamente dita. Ocorre quando a criança procura contar sua experiência e é desacreditada, induzida a negar suas próprias sensações corporais e a desvalorizar seu relato, o que resulta na dissociação entre a inscrição psíquica da violência sofrida e a totalidade de seu ego. Diante da negação perversa da realidade, a criança desamparada e confusa fica impossibilitada de simbolizar sua experiência de sofrimento. Ferenczi (1933/2011a) aponta, inclusive, que a grande solidão enfrentada por essas crianças demarca o modo de transferência baseado na submissão, característico das análises de adultos traumatizados. Em "Reflexões sobre o trauma", Ferenczi (1934/2011b) descreve que:

> O comportamento dos adultos em relação à criança que sofreu o traumatismo faz parte do modo de ação psíquica do trauma. Eles dão, em geral, e num elevado grau, prova de incompreensão aparente. A criança é punida, o que, entre outras coisas, age também sobre a criança pela enorme injustiça que representa... exige da criança um grau de heroísmo de que ela ainda não é capaz. Ou então os adultos reagem com um silêncio de morte que torna a criança tão ignorante quanto se lhe pede que seja. (p. 111)

Nesse sentido, a violência sexual não seria, por si só e sempre, traumática. De acordo com Ferenczi (1933/2011a), o trauma advém da ausência de um acolhimento que possa ajudar a criança a dar alguma significação à experiência vivida. A falta de uma testemunha sensível torna o acidente inenarrável e traumático, assim como o acolhimento da criança e da sua linguagem é capaz de criar sentidos inéditos para o vivido (Kupermann, 2008).

Anne Alvarez (1994), psicanalista canadense que trabalhou por anos com crianças maltratadas e severamente deprimidas na Tavistock Clinic, afirma que, mesmo quando o abuso se assemelha mais a um carinho, isso não necessariamente anula seu impacto, pois "há um despertar, às vezes para uma poderosa experiência sensual que a criança não consegue deixar de temer profundamente... temos que trabalhar com grande delicadeza nesses momentos para ajudar a criança a distinguir amor de perversão sexual" (p. 171). Sem dúvida, há uma grande dificuldade para abordar o fato do abuso com a delicadeza necessária. Ora ignoramos e oferecemos

178 AS PALAVRAS DOS ADULTOS SOBRE O ABUSO SEXUAL

apenas o silêncio, ora nos excedemos e invadimos a criança com perguntas. Afinal de contas, por que é tão complicado tocar nesse assunto?

Muitos autores já apontaram que a própria centralidade da noção de realidade psíquica nas teorizações psicanalíticas causou, por longa data, o ensurdecimento dos analistas para os relatos de abuso sexual e incestos realmente consumados. Por outro lado, Freud foi capaz de nos esclarecer sobre a comoção causada pela história de Édipo, na qual a mera encenação do ato incestuoso incidia em vivências psíquicas remotas, provocando angústia e estranhamento ao trazer à tona desejos que, há muito tempo, precisaram ser fortemente suprimidos, transformados em fantasias e identificações.

Portanto, é nesse sentido que as relações sexuais entre pais e filhos ou entre crianças e adultos representam transgressões máximas, ao escancarar o acesso livre e a realização dos desejos que a grande maioria de nós precisou abdicar em troca da inserção na civilização e no mundo simbólico. Daí a repulsa, o afastamento, o fascínio e mesmo a compulsão de alguns profissionais por esmiuçar cada detalhe do que aconteceu com a criança.

Alvarez (1994) faz apontamentos de extrema importância para nos ajudar a compreender o estado psíquico de uma criança que passou pela experiência de abuso e, assim, nos oferece instrumentos para lidar com nossas próprias reações:

> *a ideia que vigora na sociedade de que alguma coisa é modificada e resolvida pela revelação da situação de abuso pode não ser compartilhada pela criança... ela pode estar tão embotada emocional e cognitivamente que nada mais tem qualquer significado. Ou pode ter sido corrompida e ter se tornado fascinada pelo abuso*

ou ter se tornado, ela própria, alguém que abusa. Ela pode temer muito mais a pessoa que abusa do que o próprio ato de abuso. Pode ainda sentir um profundo amor pela figura de quem abusa dela. (p. 162)

Tais apontamentos indicam que devemos ser bastante cuidadosos ao tentar impor a essas crianças noções de proteção e de justiça compartilhadas socialmente, e nos prepararmos para reações de rechaço, questionamento ou negação por parte delas.

No interior dos consultórios, acostumados a lidar com a problemática neurótica, muitos analistas tendem a compreender os deslocamentos e projeções feitos pela criança severamente traumatizada como defesas ou fugas da realidade, que deveriam, portanto, ser automaticamente interpretados e recolocados no seu devido lugar. Em seus registros clínicos, Alvarez (1994) observa que:

Enquanto o paciente mais moderadamente traumatizado, cujo distúrbio está afetando sua personalidade no nível neurótico, pode precisar lembrar o trauma para poder esquecer, as crianças mais danificadas, cujo trauma é mais severo e mais crônico, podem precisar esquecer o trauma para poderem ser capazes de lembrar. (p.161)

Aponta, com isso, que devemos avaliar com parcimônia se os deslocamentos, as inversões, as fugas e as projeções, a irritabilidade ao menor sinal de intrusão são puramente defensivos e, portanto, devem ser interpretados, ou se esses movimentos para longe da experiência original configuram tentativas de explorar o trauma em um lugar mais tolerável: "o lugar novo, aparentemente inocente e não traumático pode ser um lugar mais seguro se capacita a criança a pensar sobre seu trauma em porções digeríveis e manejáveis" (Alvarez, 1994, p. 164).

A ideia da autora de deixar que a criança possa esquecer aspectos do abuso se enraíza no pensamento psicanalítico sobre o período da latência, fase do desenvolvimento infantil marcada pela defesa excessiva contra a fantasia e investimento em funções intelectuais. Não defende o conluio do terapeuta com a negação, mas a atenção para discriminar as tentativas de negar e as tentativas de superar.

Para concluir, apontamos uma possível comunicação entre a problemática "lembrar *vs.* esquecer", tratada por Alvarez (1994) nos casos de traumas, e a premissa de Silvia Bleichmar sobre o recalcamento originário como constitutivo do psiquismo. A obra dessa autora representa uma trilha possível para a continuidade desse trabalho. Ao considerar o mito do recalcamento originário como conceito fundamental, Bleichmar dá um lugar ao esquecimento, problematizando a técnica clássica da interpretação. Assim, convoca-nos a pensar em outras modalidades de intervenção com sujeitos cujos psiquismos estão em constituição ou começam a apresentar falhas a partir da invasão traumática.

Referências

Alvarez, A. (1994). *Companhia viva: psicoterapia psicanalítica com crianças autistas, borderline, carentes e maltratadas.* Porto Alegre: Artes Médicas.

Bleichmar, S. (2005). *Clínica psicanalítica e neogênese.* São Paulo: Annablume.

Dolto, F. (2008). *Quando os filhos precisam dos pais: respostas a consultas de pais com dificuldades na educação dos filhos.* São Paulo: WMF Martins Fontes.

Ferenczi, S. (2011a). Confusão de línguas entre as crianças e os adultos. In S. Ferenczi, *Obras completas* (2. ed, Vol. 4, pp. 111-121). São Paulo: WMF Martins Fontes. (Trabalho original publicado em 1933).

Ferenczi, S. (2011b). Reflexões sobre o trauma. In S. Ferenczi, *Obras completas* (2. ed., Vol. 4, pp. 125-135). São Paulo: Martins Fontes. (Trabalho original publicado em 1934).

Freud, S. (2006a). Três ensaios sobre a teoria da sexualidade. In S. Freud, *Edição standard brasileira das obras completas de Sigmund Freud* (Vol. 7, pp. 117-232). Rio de Janeiro: Imago. (Trabalho original publicado em 1905).

Freud, S. (2006b). O esclarecimento sexual de crianças. In S. Freud, *Edição standard brasileira das obras completas de Sigmund Freud* (Vol. 9, pp. 121-129). Rio de Janeiro: Imago. (Trabalho original publicado em 1907).

Freud, S. (2006c). Análise terminável e interminável. In S. Freud, *Edição standard brasileira das obras completas de Sigmund Freud* (Vol. 23, pp. 225-270). Rio de Janeiro: Imago. (Trabalho original publicado em 1937).

Kupermann, D. (2008). *Presença sensível: cuidado e criação na clínica psicanalítica.* Rio de Janeiro: Civilização Brasileira.

Laplanche, J. (2015). *Sexual: a sexualidade ampliada no sentido freudiano – 2000-2008.* Porto Alegre: Dublinense.

Silva, M. C. P., Souza, P. O., & Santos, Z. (2013). Violência sexual infantil. In M. C. P. Silva (Org.), *Sexualidade começa na infância* (pp. 95-111). São Paulo: Casa do Psicólogo.

10. Palavras por dizer: a enigmática devolução de crianças adotadas

Cassandra Pereira França
Rafaela Pazotto Verticchio

Processos de adoção geralmente envolvem, de um lado, crianças que foram abandonadas por seus pais biológicos ou destes afastadas por medidas judiciais e, de outro, adultos que não puderam conceber filhos biológicos (Levinzon, 1999). Apesar de sabermos que há uma diversidade de outras configurações parentais em que a adoção está inserida, vamos nos deter nessa primeira imagem, pois é exatamente onde vemos algumas questões importantes sobre o tema de que vamos tratar e que pedem reflexões bem mais complexas do que a distância poderíamos imaginar. Aliás, não pedem apenas reflexões, mas estratégias de intervenção psicossocial que poderiam minimizar determinadas situações injustas e cruéis para quem vive, ansiosamente, dia após dia, a expectativa de fisgar uma mãe, um pai ou, ainda, de voltar a ter direito de viver com aqueles adultos com quem antes convivia.

Sem dúvida alguma, a adoção é um ato envolto por esperanças e expectativas sustentadas por pesadas linhas de tensão, desencadeadas por inúmeras fantasias condizentes com antigas feridas narcísicas, de ambas as partes, e que podem corroer todo o processo.

184 PALAVRAS POR DIZER

Comecemos por aquilo que se passa com os pais adotantes, que, não conseguindo ter filhos biológicos por problemas de infertilidade, lançam-se em inúmeras tentativas de concepção através de tratamentos médicos. Sabemos que, mês a mês, aumenta o peso da frustração relativa à conquista daquele que lhes parece ser o projeto maior de suas vidas: ter uma criança que tenha o "sangue do sangue" do casal. De acordo com Garma et al. (1985), a esterilidade conjugal pode apresentar-se como o pivô dos problemas da adoção e, invariavelmente, será lembrada e tida como causa de todos esses desafios. Os autores, inclusive, chamam nossa atenção para as situações em que mesmo a renúncia à reprodução pelo cônjuge fértil pode vir a gerar um comportamento hostil em relação ao parceiro ou até mesmo à futura criança adotada, cuja presença no lar relembrará o alto custo da concessão feita.

Após inúmeras tentativas de concepção fracassadas e de perdas ainda pouco elaboradas, não é raro que o desespero jogue o casal, impulsivamente, na fila para adoção. Fila longa, mas que exige uma prontidão e uma disponibilidade imediatas para o momento em que o casal será chamado a conhecer uma criança apta a ser adotada. Começam, então, as visitas, os encontros programados, os apadrinhamentos, recursos que, conforme se espera, irão criar um espaço onde, tal qual numa gestação, a criança em adoção poderá ser sonhada como filho ou filha. No entanto, subjacente a esse conhecimento do aspecto psicobiológico da criança, persiste um elemento a exigir uma aceitação incondicional: o desconhecimento da carga genética, da filiação original e da história vivenciada anteriormente pela criança. Contudo, nesse momento, o enigma desse passado pouco peso terá se comparado às angústias que o casal acabou de sofrer ou, ainda, diante da ansiedade em iniciar-se um processo de construção parental.

Quais serão, contudo, os desígnios para aqueles sonhos de ter uma criança que, narcisicamente, represente a continuidade, a perpetuação da existência no mundo? Uma criança na qual se possam ver os traços fisionômicos que evidenciam a bagagem genética, ou tenha o jeito de ser que marca o prosseguimento da cultura familiar em que os pais foram criados? Esses sonhos desaparecem? Não. Chegará o momento em que eles reaparecerão com força total, gerando fantasias que, como veremos, vão instaurar um desajuste na oferta das funções parentais de cuidado, proteção, aceitação e acolhimento necessários a toda e qualquer criança (Catafesta, 1992, citado por Levinzon, 2004).

A adoção é, de acordo com Feder (1974), "um trauma que marca a vida da família que adota e a da criança" (citado por Levinzon, 1999, p. 19). Esta, por sua vez, também traz na bagagem um enorme sofrimento vinculado ao passado, seja por ter sido abandonada, rejeitada, maltratada, ficado órfã ou, ainda, por ter sido tirada de um grupo familiar que, aos seus olhos, nada tinha de errado. Mesmo abrigada, seu luto não tem tamanho e está apenas no começo; por ora, ela é só dor e desamparo. Mas procura o seu ninho, quer amor, quer os irmãos de volta, juntos com ela.

Um estranho no ninho

O abrigo que a acolheu, após decisões judiciais, combina o momento de a criança passar uma temporada na casa do casal adotante, em uma experiência de filiação, na qual possa conviver com aquele casal como se fosse com seus pais. Esse é o momento em que, apesar da aparente aceitação do enigma do passado histórico da criança, seus comportamentos e atitudes diante da força educacional presente na relação com os pais adotivos mobilizarão hipóteses acerca daquilo que desconhecem sobre aquela criança: a vida de seus pais biológicos, as circunstâncias de sua concepção, as experiências pelas quais passou. O que mais chama a atenção, em

186 PALAVRAS POR DIZER

muitos casos, é sua determinação em manter-se desobediente, em contrariar a vontade dos pais adotivos, como se quisesse ter uma prova do quanto eles irão, de fato, empenhar-se em manter-se nesse papel. No entanto, em alguns casos de crianças adotivas, junto às atitudes que poderíamos chamar, seguindo a tendência atual de tudo diagnosticar, de expressões do "distúrbio opositor", começa a salpicar, aqui e ali, uma série de comportamentos erotizados: a criança abaixou a calcinha na escola, mostrou o bumbum, pegou no "piu-piu" do colega, ficou se masturbando. Comportamentos que, embora em nada se diferenciem das condutas de diversas crianças da mesma idade, começam a incomodar os pais, por não conseguirem contê-los. Ficam aflitos, pedem reuniões na escola, procuram psicólogos, no afã de encontrar alguém que livre a criança de tal comportamento. Logo questionam: "O que será que ela viu onde morava? Será que vale a pena tentar criar e educar essa criança?". Preocupações que começam a denunciar que a indiferença inicial com a história de vida pregressa daquela criança está cedendo lugar ao antigo desejo de terem um filho que dê continuidade aos valores morais que possuem.

E pode vir algo pior, como aconteceu no caso de uma menina de 6 anos, levada para a terapia porque a mãe já estava quase vencida por suas malcriações rotineiras. Após alguns meses, quando tudo levava a crer que a família estava se acertando e a calma já parecia existir, a mãe recebeu para um lanche os familiares e as futuras comadres, a fim de apresentar a filha. De repente, entre um biscoito e outro, foi fulminada por uma pergunta feita com muita naturalidade: "Mãe, você vai dar a bunda hoje?". Completamente perplexa, a mulher não sabia o que dizer para quebrar o desconforto que se instalou entre os convidados. Uma cena crua, em que um dito instalava uma situação *Unheimlich*:[1] na qual um

---

1 Em seu texto "O Estranho" (*Das Unheimlich*), de 1919, Freud nos diz que,

elemento novo assume, facilmente, um caráter estranho e assustador, compreendendo "algo que não se sabe como abordar" (Freud, 1919/1990b, p. 239).

A mãe viu-se presa no emaranhado de tensões vindas de vários níveis de preocupações, desde o temor de que os convivas pensassem que ela e o marido estavam tendo relações sexuais na frente da criança, até a dedução óbvia de que, se isso não ocorria naquele novo ambiente, era certo que havia estado presente na vida pregressa da menina. A partir desse momento de susto, pouco tempo se passou até que ela fosse devolvida à instituição onde vivera. Entendemos, então, o silêncio que se postava por detrás daquelas palavras sintéticas escritas no relatório evolutivo do caso nessa terceira tentativa de adoção por uma família: "Devolvida por ser completamente insubordinada às ordens educacionais".

O que fazer para ajudar os pais adotantes a entender que é justamente a partir do momento em que a criança começa a se sentir acolhida no laço parental que a transferência se instala e, com ela, a possibilidade de reviver os grandes enigmas já experienciados? De que maneira explicar o que é o traumatismo psíquico, o modo como a cena traumática fica encapsulada e não se liga ao restante dos representantes ideativos e, por isso mesmo, tais conteúdos não vão ser passíveis de recalcamento? Como fazer para que eles entendam a força da compulsão à repetição que, no final das contas, só busca uma oportunidade de elaboração daquele excesso de excitação?

Os aspectos estranhos imbuídos de carga sexual advindos da criança passaram a ser a causa das frustrações dos pais adotivos, que, por sua vez, depositaram muitas expectativas no laço com a criança adotada e no processo adotivo. Tornou-se impossível

---

dentre as variações que o termo carrega, "o estranho é aquela categoria do assustador que remete ao que é conhecido, de velho, e há muito familiar" (p. 238).

aceitar a ideia de que seu/sua filho/filha não corresponde à criança sonhada. Além de ser diferente dos pais (fisicamente e em comportamentos), exibe a marca do sexual transbordante – fatores que, reunidos, inviabilizaram o investimento parental e o entrosamento pacífico da criança com o laço familiar. Para Ghirardi (2008), estas expectativas exacerbadas sobre a adoção, que muitas vezes não podem ser satisfeitas, são as responsáveis pela devolução da criança adotada ao Estado, uma vez que os pais experienciam "sentimentos ligados ao fracasso, como se a adoção houvesse falhado" (Silva & Silva, 2012, p. 3). Assim, a dificuldade do par parental adotante em lidar e elaborar a sensação de fracasso, somada às fantasias defensivas projetadas na criança, resultam no que lhes parece ser o único desfecho possível: a devolução.

Lembremos que Freud, em uma breve passagem do artigo "Sobre o narcisismo: uma introdução" (1914/2006a), aponta que a razão pela qual os adultos negam a sexualidade infantil está diretamente relacionada à supervalorização dos filhos pelos pais, resultado da atualização e reprodução do narcisismo destes na filiação. É como se, para os pais, os filhos precisassem ser vistos como perfeitos a fim de se obter satisfação narcísica através deles, e a sexualidade é, muitas vezes, popularmente vinculada à marginalidade, à vulgaridade e à perversão, de tal modo que aceitar e lidar com a sexualidade dos filhos é um ultraje ao narcisismo parental.

Nesse caso, como vimos, o assombro demonstrado pelo par parental adotivo não deu trégua para uma intervenção terapêutica que pudesse acolher a angústia dos pais diante das incertezas sobre o passado da criança e os traumas pelos quais ela teria passado. A certeza de que a constituição psíquica daquela criança estava "estragada", o sentimento de ameaça e o medo de ser lesado, de alguma forma, por tais comportamentos, apesar de serem plausíveis naquele contexto familiar, conduziram imediatamente o casal adotante à decisão radical e inabalável de abrir mão do projeto de adoção.

Tudo isso nos leva a concluir que a reação radical dos pais adotantes diante da erotização da criança adotada deve mesmo ser estudada como um fenômeno da ordem do *Unheimlich*, nome dado a tudo "o que devia permanecer oculto e, não obstante, veio à luz" (Shelling, citado por Cesarotto, 1987/1996, p. 115). A criança que atua eroticamente perante os pais é, portanto, uma ameaça ao recalcamento deles e traz em si uma iminência de desmanche do recalcado; o que inunda o par parental do temor de ter de haver-se com o conteúdo recalcado, composto por desejos sexuais de teores agressivos, mortíferos ou incestuosos, outrora recalcados após intenso sacrifício e sofrimento na infância. O efeito dessa ameaça no aparelho psíquico dos pais é suficiente para abalar e fragilizar as estruturas egoicas a ponto de demandar um afastamento urgente do objeto desencadeador de angústias.[2]

Em "Totem e tabu", Freud (1913/1990a), ao discorrer sobre a passagem da natureza à cultura, adverte que a criança somente abre mão de seus desejos com o intuito de obter o amor dos pais e o reconhecimento em meio a uma sociedade que possui regras. Portanto, está colocada uma situação paradoxal: a criança que sofreu abuso sexual dos adultos que dela cuidavam estava imersa em um ambiente no qual não havia um pacto cultural que forçasse os adultos a respeitar a assimetria geracional impeditiva do uso de crianças como alvo de gozo sexual dos adultos. Assim, ela, que não pôde interiorizar um limite inexistente em seu meio circundante, se adotada, terá suas atitudes vistas como convocações ao

---

2 Vale lembrar que todo comportamento e aspecto de um/a filho/a ligado direta ou indiretamente com o recalcado dos pais poderá evocar aversão e repulsa a estes, independentemente de a filiação ser biológica ou adotiva.

190   PALAVRAS POR DIZER

desmanche do recalcado dos outros adultos que por ela se responsabilizarão.

Freud (1919/1990b) enfatiza que todo indivíduo passa por um estágio de desenvolvimento do mesmo caráter animista dos homens primitivos, e que nenhum de nós atravessará essa fase sem carregar consigo traços marcantes dele ao longo da vida, os quais poderão vir à tona de acordo com as circunstâncias. Assim, "tudo aquilo que nos surpreende como estranho satisfaz a condição de tocar aqueles resíduos de atividade mental animista dentro de nós e dar-lhes expressão", o que pode assumir um caráter ameaçador para o psiquismo, uma vez que seria uma proposta de pôr a ruir uma construção necessária responsável pelo desenvolvimento e equilíbrio psíquico, o recalcamento (Freud, 1919/1990b, p. 258). Desse modo, existe a possibilidade de partes ou emanações dos conteúdos recalcados emergirem à consciência – independentemente da etapa da vida em que um indivíduo se encontre –, causando desconfortos e sintomas variados.

Em busca de palavras de contenção das angústias parentais

De acordo com o levantamento feito por Tonelli (2014), os motivos alegados pelos pais adotivos para a devolução das crianças são de cunho variado, destacando-se, entre eles, "a falta de conversa, a desobediência e a escolha de um certo estilo de roupa, música ou de religião que não agradam a família". No entanto, é possível verificar a hipótese que desenvolvemos de que subjaz nas filiações adotivas uma fragilidade narcísica que pode funcionar como um fator propício à formação de fantasias de não ligação com a criança adotada, fantasias de descontinuidade narcísica, de estranhamento, que geram sentimentos de aversão. O problema não é de pequeno calibre, uma vez que, de acordo com Azevedo (2011), apesar de não haver ainda um levantamento de dados nacionais, algumas estatísticas regionais revelam um alto número de devoluções e, portanto, apontam para um problema que demanda a atenção da Justiça. Como exemplo, a autora cita os seguintes dados do ano de 2011: na zona sul de São Paulo, 11% das 35 crianças à espera de adoção na Associação Maria Helen Drexel já haviam passado por devolução; em apenas uma das varas de família do Rio de Janeiro, só no primeiro semestre de 2011 haviam ocorrido oito devoluções; em Santa Catarina, três de cada dez crianças e adolescentes que estavam em abrigos foram devolvidos ao menos uma vez. Tonelli (2014) narra que, segundo dados da Vara da Infância e Juventude de Bauru (SP), entre 2012 e 2013, 10% das crianças passaram por devoluções durante o estágio de adaptação à família adotiva.

Diante de estatísticas esparsas, não podemos arriscar fazer generalizações, mas podemos afirmar que o alto número de crianças vítimas de abuso sexual em nosso país pede um estudo aprofundado das correlações existentes entre essas duas variáveis: devolução de crianças adotadas e abuso sexual infantil. Embora não haja como ninguém saber exatamente o que aconteceu no passado de crianças que corriam risco social e viviam amontoadas com adultos negligentes, alcoolizados ou drogadictos, e nem mesmo a equipe técnica ou os cuidadores dos abrigos serem capazes de garantir o que a criança viveu ou presenciou, é preciso que algum planejamento de intervenção psicossocial seja elaborado. Enquanto isso, a imensa maioria dos casais adotantes continuará preferindo a adoção de bebês, "para que possam ser criados do nosso jeito", ficando as crianças maiores destinadas à sina da adoção internacional.

Sabendo da hipótese de que uma herança genética duvidosa na criança adotada, ou ainda um passado imaginariamente

192 PALAVRAS POR DIZER

abominável, pode levar o par parental adotivo a atrelar os comportamentos hipersexualizados da criança a futuras marginalidade e perversão, o que poderíamos delinear como uma orientação sensata às equipes de assistentes sociais e psicólogos em atuação nas varas de infância e juventude, cuidadores dos processos de adoção?

Em primeiro lugar, é necessário ponderar que é fundamental que sejam bem observadas tanto a elaboração dos lutos sobre a impossibilidade de ter filhos (que sustenta a ilusão narcísica de que tudo será perfeito se a criança for igual a eles) quanto a aceitação de um acompanhamento psicológico dirigido aos pais adotantes, de modo a garantir a presença de orientações antes e ao longo de um processo de adoção, providência que propiciaria o contato com as questões relativas a esse processo (entraves, exigências, impossibilidades). Outro ponto importante é a capacitação dos técnicos das varas de infância e juventude: responsáveis pelas adoções, devem estar aptos a conduzir o processo de conscientização dos aspirantes a pais adotivos com relação às características e riscos desse tipo de filiação. Desse modo, é possível minimizar os conflitos presentes no cotidiano das novas famílias e até mesmo acenar com desfechos alternativos à devolução da criança.

É de extrema importância que os adotantes reconheçam e aceitem as particularidades da filiação adotiva: afinal, antes de ter tido o seu "nascimento" dentro dessa nova família, a criança teve uma história e, mais, continuará sempre tendo dois pares parentais, que se vincularão em seu psiquismo, em termos afetivos e imaginários, nas mais diversas configurações. Tais informações tornarão possível aos pais encontrar a sua maneira, singular, de lidar com as demandas, mesmo as impactantes, que uma criança que tenha sido abusada sexualmente possa fazer, a qualquer momento, ao par adotivo. Em outro caso de que se tem conhecimento, um garoto de 3 anos de idade pergunta ao pai adotivo: "Papai, você não vai colocar o seu piu-piu na minha boca para eu dormir?". O pai, então, afagando docemente os cabelos da criança, responde: "O papai prefere fazer um outro tipo de carinho em você, até que você durma. Vou ficar mexendo, bem devagarinho, no seu cabelo". Esse acolhimento da história significante da criança é uma maneira de legitimar os primórdios da erogenização de seu corpo e integrá-los às novas formas de amor que passará a conhecer.

É claro que essa possibilidade de acolhimento se fortalece na medida em que os pais procurem obter, em um processo de análise, uma elaboração de seu próprio passado libidinal, soterrado sob a força do recalcamento. Somente assim poderão discriminar o papel que agora lhes cabe: ser receptáculo das angústias primordiais do filho adotado e de seus traumas, tentando dar-lhes uma representação que possa algum dia alcançar os desígnios de um processo de recalcamento. Afinal, como nos disse Ferenczi (1928/1992): "o primeiro erro dos pais é o esquecimento de sua própria infância" (p. 2).

Referências

Azevedo, S. (2011, 19 out.). O segundo abandono. *IstoÉ*, (2188). Recuperado de http://istoe.com.br/168178_O+SEGUNDO+ABANDONO/

Brinich, P. (1980). Some potential effects of adoption on self and object representations. *The Psychoanalitic Study of the Child*, (35), 107-133.

Cesarotto, O. (1996). *No olho do outro*. São Paulo: Iluminuras. (Trabalho original publicado em 1987).

194 PALAVRAS POR DIZER

Ferenczi, S. (1992). A adaptação da família à criança. In S. Ferenczi, *Obras completas* (Vol. 4, pp. 1-13). São Paulo: Martins Fontes. (Trabalho original publicado em 1928).

Freud, S. (1990a). Totem e tabu. In S. Freud, *Edição standard brasileira das obras psicológicas completas de Sigmund Freud* (Vol. 13, pp. 12-163). Rio de Janeiro: Imago. (Trabalho original publicado em 1913).

Freud, S. (1990b). O estranho. In S. Freud, *Edição standard brasileira das obras psicológicas completas de Sigmund Freud* (Vol. 17, pp. 235-273). Rio de Janeiro: Imago. (Trabalho original publicado em 1919).

Freud, S. (2006a). Sobre o narcisismo: uma introdução. In S. Freud, *Edição standard brasileira das obras psicológicas completas de Sigmund Freud* (Vol. 14, pp. 77-108). Rio de Janeiro: Imago. (Trabalho original publicado em 1914).

Freud, S. (2006b). Conferência XXVI: A teoria da libido e o narcisismo. Conferências introdutórias sobre psicanálise (continuação). In: S. Freud, *Edição standard brasileira das obras psicológicas completas de Sigmund Freud* (Vol. 16, pp. 413-431). Rio de Janeiro: Imago. (Trabalho original publicado em 1916-1917).

Fucks, L. B. (2010). Abuso sexual de crianças na família: reflexões psicanalíticas. In C. P. França (Org.), *Perversão: as engrenagens da violência sexual infanto-juvenil* (pp. 137-149). Rio de Janeiro: Imago.

Garma, E. G., Garma, A., Greco, N., & Lopez, C. M. M. (1985). *Más allá de la adoptión.* Buenos Aires: Epsilon.

Ghirardi, M. L. (2008). *Devolução de crianças adotadas: um estudo psicanalítico.* São Paulo: Primavera Editorial.

Gianlupi, A. G. F. (2003). *Tornar-se mãe: a maternidade da gestação ao primeiro ano de vida do bebê* (Tese de Doutorado). Instituto de Psicologia, Universidade Federal do Rio Grande do Sul, Porto Alegre.

Isaac, J. P. L. (2006). *Sedução e fantasia no pensamento freudiano* (Dissertação de Mestrado). Departamento de Filosofia, Instituto de Filosofia e Ciências Humanas, Universidade Estadual de Campinas, Campinas.

Labaki, M. E. P. (2007, jun.). Ter filhos é o mesmo que ser mãe? *Jornal de Psicanálise*, *40*(42).

Laplanche J., & Pontalis, J.-B. (1996). *Vocabulário da psicanálise.* São Paulo: Martins Fontes.

Levinzon, G. K. (1999). *A criança adotiva na psicoterapia psicanalítica.* São Paulo: Escuta.

Levinzon, G. K. (2004). *Adoção.* São Paulo: Casa do Psicólogo. (Coleção Clínica Psicanalítica).

Santiago, M. S. (2014). Aspectos jurídico-sociais da "devolução" de crianças adotadas. *Jurídico Correspondentes*. Recuperado de https://juridicocorrespondentes.com.br/adv/manoelasantiago/artigos/aspectos-juridico-sociais-da-devolucao-de-criancas-adotadas-12699

Silva, J. C. B., & Silva, E. C. B. (2012). Adoção: da idealização ao fracasso. In Congresso Internacional Interdisciplinar em Sociais e Humanidades. *Anais...* (pp. 1-17). Recuperado de http://www.aninter.com.br/ANAIS%20I%20CONITER/GT17%20Estudos%20de%20fam%EDlia%20e%20gera%E7%F5es/ADO%C7%C3O%20DA%20IDEALIZA%C7%C3O%20AO%20FRACASSO%20-%20Trabalho%20completo.pdf

Tonelli, M. (2014). 10% dos adotados são devolvidos. *JCNET.com. br*. Recuperado de http://www.jcnet.com.br/Geral/2014/05/10- -dos-adotados-sao-devolvidos.html

Winnicott, D. W. (1997). Duas crianças adotadas. In D. W. Winnicott, *Pensando sobre crianças*. Porto Alegre: Artes Médicas. (Trabalho original publicado em 1954).

11. O tom surdo dos efeitos do desamor

Cassandra Pereira França

> *O último refúgio da dignidade é o silêncio. Por pudor, por vergonha, se pode albergar a ilusão de que, cerrando os olhos e guardando o silêncio, os sucessos se perderão na noite dos tempos, mas nem por isso irão cessar seus efeitos mais além das gerações.*
>
> (Schvartzman, 1998, p. 132)

As dúvidas quanto ao manejo da técnica psicanalítica nos casos de traumatismo sexual se amontoam na cabeça de todos que se lançam nessa empreitada. Temos a impressão de que o nosso limite ainda é demarcar os obstáculos, e o maior deles pode ser enunciado em poucas palavras: "O trauma não fala, se faz sentir e atua. O que ele repete não é uma representação, mas uma percepção sem palavra" (Uchitel, 2001, p. 56). Diante dessa constatação, que pode ser observada por todos os que atuam na clínica do traumatismo sexual, uma questão se impõe: "Como se dá, no analista, a escuta desse inconsciente não representado em palavras?" (Trachtenberg et al., 2013, p. 67).

As dissonâncias advindas dessa clínica foram bem apresentadas por Enriquez (2000) ao enfatizar que, na análise de pacientes que passaram por traumatismo sexual, o analista

> *sente dificuldade de representar, associar e pensar a partir do material que lhe é apresentado. Ele tem lacunas de memória, não compreende, não sabe como dizer, como restituir algo do que escuta. Seu corpo real é atingido, tão extrema é a tensão à qual fica submetido, podendo sentir cansaço, crispações, impressão de fragmentação, sentimento de ter sido reduzido, agredido, de ter sido colocado fora de si, desnarcisado ao máximo. (Trachtenberg et al., 2013, p. 67)*

Não seriam tais reações muito parecidas com aquelas que sentem as pessoas que foram violentadas? Penso que sim e que, ao ter essa certeza, somos obrigados a reconhecer que se o trauma não tem palavras para se expressar – uma vez que o evento traumático fica encapsulado, apartado das tópicas psíquicas e, por isso mesmo, sem condições de sofrer os desígnios do recalcamento ou ainda, do retorno do recalcado –, o excesso de excitação encontra outras vias de escoamento. A repetição buscará encontrar um porto seguro.

Na minha opinião, no processo de análise, o cais que está disponível, pela própria natureza da função, é o aparelho psíquico do analista. Esse pode se tornar um importante auxiliar para que a psique do paciente se libere da acumulação de objetos internos maus ou, ainda, numa linguagem bioniana, deum aparelho receptor dos elementos beta. Mas como seria efetivada a passagem de conteúdos psíquicos da mente daquele que sofreu o traumatismo para a mente daquele que o acompanha analiticamente? Há um conceito na metapsicologia kleiniana que, independente de gostarmos ou não da sra. Klein, é um dos mais úteis para a clínica em geral, em especial para a infantil ou a de pacientes *borderline* ou psicóticos – trata-se do conceito de "identificação projetiva", postulado pela autora em 1946.[1]

Klein, aprofundando o conceito freudiano de projeção, irá afirmar que não se pode projetar impulsos sem projetar partes do ego, operação que, obviamente, é precedida por clivagens ou cisões egoicas. No entanto, é fundamental, para que o conceito da identificação projetiva seja diferenciado da projeção freudiana, que o conteúdo projetado provoque efeitos consideráveis no objeto receptor, ou seja, que provoque distorções momentâneas na sua percepção egoica. Falar em identificação projetiva, como diz Etchegoyen (1986),

> *supõe sempre uma confusão onde algo pertencente ao sujeito passa ao objeto, com o que aquele perde a sua individualidade, e este fica investido pelo que, em propriedade, não lhe pertence, outorgando ao sujeito uma identidade que lhe é alheia e excêntrica, que borra seus limites, que o sobrepõe com o outro. (p. 27)*

É claro que está pressuposto nesse trecho que a análise pessoal do analista deve tê-lo fortalecido para se haver com o recebimento constante desses elementos disruptivos, liberando-o para usar, como ferramenta técnica, a sua capacidade de *rêverie*. Esse conceito bioniano procurar dar conta de uma função importantíssima, tanto do objeto primordial quanto do analista, a de receber os elementos beta projetados, organizar tais conteúdos e transformá-los em elementos alfa, ou seja, devolvê-los ao emissor, de forma mais

---

1 Sabemos que, quanto mais primitivo for o funcionamento psíquico do paciente, mais ele utilizará da identificação projetiva como meio de comunicação.

200   O TOM SURDO DOS EFEITOS DO DESAMOR

organizada, ajudando a transformá-los em pensamentos para serem pensados. Diante desta função imposta ao aparelho psíquico do analista: a função de ligar ou, melhor dizendo, "limitar o fluxo de energia livre, oferecer representações, uni-las entre si, a fim de operar conforme regras do processo secundário" (Uchitel, 2001, p. 50), só nos resta indagar os destinos dos conteúdos traumáticos depositados no psiquismo do analista. Não podemos deixar de querer encontrar algum recurso psíquico, operante na mente do analista, que possa ser um poderoso auxiliar para a busca de uma representação que traga tais conteúdos para a cena analítica. É nesse momento que temos de nos lembrar dos ensinamentos de Freud na *Traudeutung*, e que nos apontam o pensamento visual como aquele que melhor permite elucidar as complexas passagens do processo primário ao secundário.

A contratransferência e o pensamento visual

Acompanhar a construção da teoria da memória do sonho, feita por Freud (1900/1980a) na *Traumdeutung* (*A interpretação dos sonhos*), é uma das tarefas mais agradáveis a que se pode lançar alguém que queira se introduzir no estudo da psicanálise. É completamente envolvente seguir os passos de Freud na descrição das etapas do assim chamado "trabalho do sonho", que preparam o material bruto, "o sonho sonhado", para se apresentar, às pressas, na consciência, utilizando de artifícios como a condensação, o deslocamento, a representação à figurabilidade e a elaboração secundária. Surge, então, "o sonho lembrado", passível de honrar o pacto imposto pela censura ao sonhador, que poderia assim ser enunciado com palavras simples e de modo coloquial: *Você pode sonhar com o que quiser, que eu garanto que nada disso passará para o plano da ação, afinal, seu corpo ficará imobilizado. Além do mais, só restarão vestígios e rastros dos seus desejos e de como os realizou no plano onírico.*

O sonho, visto por Freud como a via régia de acesso ao inconsciente, apresenta "os restos mnêmicos ópticos – resíduos de memória de coisas vivas", que vão propiciar uma operação e facilitar um retorno, pelo qual processos inconscientes vão encontrar um meio de acesso à consciência. No entanto, toda a trama do "trabalho do sonho" para mascarar o sonho sonhado e, assim, atender às exigências do processo secundário que obedece, a um só tempo, à lógica do princípio da realidade e aos ditames superegoicos, utiliza-se, predominantemente, de imagens cifradas para iluminar/apagar os conteúdos oníricos. Essa dupla função, que termina por acender uma vela para Deus e outra para o diabo, faz com que Freud mantenha "com a imagem uma relação marcada por permanente ambiguidade, oscilando entre a fascinação e a desconfiança" (Leite, 2001, p. 17).

A experiência clínica nos mostra que a projeção maciça de partes cindidas do psiquismo do paciente para dentro da mente do analista representa uma invasão de tal monta que pode induzir nele estados de sonolência, apagões momentâneos. Nesses estados, algumas vezes, alucinatoriamente, o analista toma contato com imagens que se encaixam, como uma luva, na temática que estava sendo trabalhada naquela época da análise. Depois desses conteúdos serem analisados, é possível identificar que suas imagens correspondem, metafórica e metonimicamente, às que estavam opacas na rede mnêmica do paciente. Portanto, a hipótese com que trabalho neste momento é a de que uma das vias de saída dos restos mnêmicos dos eventos traumáticos do paciente, depositados no analista via identificação projetiva, costuma se utilizar dos processos de representação à figurabilidade constitutivos do "trabalho do sonho".

Em muitos casos, as imagens são visualmente nítidas e revelam lacunas na história significante de vida do paciente, contendo aspectos afetivos com os quais ele não havia ainda, conscientemente, entrado em contato. É claro que essas vivências convocam o uso da contratransferência, convocando o analista a colocar seu próprio aparelho mental em ação como auxiliar do aparelho mental do paciente, permitindo a criação de uma representação que o paciente não pode realizar.

Vejamos um exemplo extremo que pode ilustrar o que estou tentando descrever: um movimento psíquico regido pelo processo primário e que se presentificou inconscientemente, levando a analista a realizar, displicentemente, uma pintura. Na clínica infantil, a presença desse fenômeno é familiar, principalmente no período de latência, quando toda a linhagem das defesas denegatórias está de prontidão para evitar o contato com conteúdos inconscientes, sexuais, que ousem ameaçar vir à luz do dia. Ocasião em que o silêncio abissal e o vazio afetivo instalam uma hiância da qual só nos restará tentar fugir por meio de movimentos concretos que busquem obturar o sumidouro. É quando, tomando nossas tintas guache, liberamos os traços do pincel, numa tentativa de esvaziar a tensão à qual estamos submetidos. Em certa feita, assim procedi numa sessão em que uma garota de 9 anos de idade, angustiada e em silêncio por longo tempo, fitava-me com olhos de jabuticaba, invadindo os meus olhos com um apelo emudecido. A angústia da menina era tamanha que, para não submergir a seu estado, dei início à pintura de formas imprecisas. O amálgama das cores, ao secar, resultou em tons cinzas que me despertaram algumas associações, que narrei em alto e bom som: "Parece uma capa... uma pele... uma pele peluda... uma pele de burro". O silêncio da garota me intimidava, parecia pedir, desesperadamente, palavras que pudessem dar um sentido para aquela imagem. Não sabendo o que dizer e, totalmente tomada pela angústia da menina, contei-lhe a história da Pele de Asno, um conto de fadas, uma das onze histórias que compõem a obra de Charles Perrault, o pai da literatura infantil.[2] Ela não conhecia, e ouviu, atentamente, a fábula que narra como, na falta da presença materna, o pai se sente liberado para perseguir, de modo erótico, a própria filha. Ela continuou emudecida e, ao fim da sessão, levantou-se e foi embora. E eu fiquei, sozinha, diante do enigma: por que teria surgido um material psíquico tão diretamente ligado à temática do incesto? A menina estava em análise por conta de suas dificuldades escolares, era alegre e comunicativa e jamais havia ficado um momento em silêncio. Afinal, por que haveria de ter brotado, justamente naquela sessão, esse conteúdo?

Intrigada, decidi marcar algumas entrevistas com seus pais, que, na ocasião, acatando um encaminhamento que eu havia

---

2 Graças à conotação sexual e incestuosa dessa narrativa, Pele de Asno não goza da mesma fama que outros contos de Charles Perrault, como Cinderela ou Chapeuzinho Vermelho. Para aqueles que não conhecem o conto, poderíamos assim resumi-lo: Era uma vez... num reino distante, um rei e uma rainha que viviam felizes com sua filha. Mas a rainha ficou muito doente e, em seu leito de morte, pediu ao rei que só se casasse novamente se encontrasse uma mulher mais linda do que ela. O rei começa a procurar uma mulher para desposá-lo e descobre que a mulher mais linda de todo o reino era a sua filha, então com ela decide se casar. Desesperada, a jovem pede a ajuda da sua fada-madrinha. Essa, então, lhe sugere que imponha condições impossíveis para que o casamento se realize. Assim, ela pede um vestido com a cor dos raios do sol, e o rei manda fazer; um vestido com a cor do mar, e o rei manda fazer; um vestido com a cor dos raios da lua, e o rei manda fazer... E, assim, nada parecia poder livrá-la da perseguição erótica do pai. Cada vez mais desesperada, a adolescente recorre, novamente, à figura substituta da presença materna, a fada-madrinha, que lhe sugere que peça a única coisa que o rei não faria. Então, ela pede para um vestido a pele do asno que obrava as moedas de ouro do reino. E, no dia seguinte, lá estava a pele do asno. Aterrorizada, a jovem esconde-se debaixo dessa pele e foge para terras distantes onde, depois de muito tempo, encontrará o príncipe com quem se casará.

feito, estavam sendo atendidos por uma outra psicanalista. Discretamente, conduzi a conversa com eles para a rotina da menina na família e constatei que, aparentemente, tudo estava seguindo a normalidade de outros tempos. Entrementes, o assunto acabou desembocando em como iriam conversar com a garota sobre as futuras menstruações que se aproximavam, uma vez que seu corpo estava bem desenvolvido para sua idade. Eles, então, comentaram, que seria um problema quando ela menstruasse, pois ficava muito à vontade na frente dos irmãos – sequer fechando a porta do quarto para se trocar. Tão logo disseram isto, o pai completou: "Aliás, o quarto dela, nem porta tem!". A casa havia sido construída há alguns anos e, por um erro de marcenaria, a porta não pôde ser instalada na ocasião, e ninguém mais se lembrou disso. Achei essa história muito estranha e fiquei pensando no sentido subjacente ao fato de faltar apenas uma porta naquela casa, justamente a do quarto da única filha mulher, de uma família com tantos filhos homens.

Uns quinze dias depois dessa sessão, a tal colega que atendia os pais, ligou para me contar, assustada, que havia sido procurada por eles buscando uma orientação. Haviam flagrado, no porão da casa, uma cena em que a menina parecia estar tendo relações sexuais com o irmão de treze anos. Diante disso, eles não conseguiam tomar um posicionamento, estavam apavorados diante do risco de uma gravidez. Concluiu-se, então, que a primeira medida era correr com a garota para um ginecologista. O alívio foi grande quando a médica constatou que não havia ocorrido a penetração vaginal. O interessante é que depois de o assunto ter sido trabalhado na terapia dos pais em algumas sessões, ele desapareceu completamente, tomando ares e rumos de um segredo familiar. Oficialmente, eles não trouxeram o assunto ao meu conhecimento, informando-me apenas que haviam mandado fazer aquela porta que faltava na casa. A menina ficou em atendimento por mais um tempo e esse assunto nunca veio à baila.[3]

Esse caso clínico, atendido há uns trinta anos, talvez tenha sido o meu primeiro contato com a temática do incesto. Apesar de, na época, eu ter ficado impressionada com a ausência simbólica da interdição do tabu do incesto no seio daquela família, o assunto não atraiu mais o meu interesse, até que fossemos pegos, na virada do milênio, pelo encaminhamento de uma avalanche de casos clínicos que faziam parte de um verdadeiro "efeito dominó", causado pela implementação do Estatuto da Criança e do Adolescente (ECA) no Brasil, em 1990.

Logo no início do Projeto Crianças e Adolescentes Vítimas de Abuso Sexual da Universidade Federal de Minas Gerais (CAVAS/UFMG), por volta de 2005, a supervisão de um material clínico também foi importante para fazer-me entrever que algum dia, no futuro, seria necessário ampliar o nosso espectro de pesquisas acerca das possibilidades de transmissão de conteúdos psíquicos entre sujeitos. Esse material clinico, que apresentarei, também ilustra como as vivências traumáticas, de fato, encontram nas imagens uma "via régia" de retorno ao circuito representacional. Dessa feita, tal tentativa de inserção nos deixou estupefatos diante da constatação de algo que vai além do que vimos no exemplo anterior: a transmissão de vida psíquica entre gerações.

A garota iniciou sua análise quando tinha 5 anos de idade, sendo que havia sido vítima, até os 3 anos, de abuso sexual por parte

---

3 Temos aqui, também, um bom exemplo de impasse que a clínica infantil nos coloca: quais são os limites da comunicação entre o analista da criança e o analista dos pais? A impossibilidade de incluirmos na análise conteúdos que nos foram comunicados por vias indiretas, tem provocado uma mudança na técnica: cada vez mais, os analistas de crianças têm trabalhado incluindo os pais na análise da criança.

de um familiar que se mostrava acima de qualquer suspeita. Nas sessões iniciais, em meio a tentativas de colocar um alto preço pela revelação dos segredos nos quais estava enredada, ela disse que iria fazer a casa que a mãe lhe ensinou. Em uma folha de papel, com tinta marrom, por meio de traços descuidados, desenhou uma casa e duas manchas que descreveu como sendo dois rios, um de cada lado da casa. No estranho desenho, feito de uma maneira completamente diferente da com que as crianças, geralmente, o fazem, a triste casa mais parecia estar encurralada por duas massas de água de cor grená. Feito às pressas, foi solenemente depositado na caixa lúdica e, apesar dos esforços analíticos, não produziu qualquer associação verbal da criança. De vez em quando, o analista se deparava com aquele desenho enigmático que o deixava intrigado.

Posteriormente, em uma das várias conversas que teve com a mãe da garota ao longo do tratamento, ela narrou, aos prantos, dois episódios em que ela própria fora vítima de abusos. No primeiro deles, quando ainda era uma criança e moravam na roça, havia na região um sujeito muito temido, pois todos diziam que era um estuprador. Um dia, ela e os irmãos estavam brincando longe da casa e, quando o avistaram, saíram correndo. Entretanto, o sujeito correu muito atrás deles e, quando chegaram em casa, a mãe ordenou que todos entrassem, trancando, desesperadamente todas as portas e janelas, pois o pai das crianças havia saído. O perseguidor, frustrado, teria então estuprado o cachorro da família. Foi um evento terrível, pois a família tudo escutava, sem nada poder fazer. A narrativa emocionada foi feita em detalhes, diferentemente da segunda narrativa que se seguiu, que foi feita de maneira superficial e rápida: quando era uma mocinha, de não se sabe qual idade, um homem, que ela não identifica, perseguiu-a às margens de um rio, alcançou-a e a estuprou. Portanto, as duas cenas envolviam perseguições em que ela corria ao longo de um rio, às margens do qual morava, tentando chegar até sua casa. Quando o analista, lembrando-se do estranho desenho que a filha havia feito algum tempo antes, perguntou-lhe se a menina já havia escutado algo daquela história, ela disse que não – na verdade, jamais contara nada do seu passado para alguém – era a primeira vez que mencionava esses tempos.

A riqueza simbólica do desenho parecia "provar, cabalmente, o quanto a figurabilidade ultrapassa a dimensão discursiva, indo acolher o que ainda espera por uma primeira forma de presença psíquica" (Leite, 2001, p. 30). Isso nos leva a pensar que, se já vivenciamos, tantas vezes, as formas primitivas com que os conteúdos traumáticos, sorrateiramente, invadem o *setting* analítico, por que não acreditar que tais conteúdos também possam invadir, mutuamente, o psiquismo de familiares? Apesar de a nossa perplexidade diante da potência dos enigmas da transmissão psíquica ainda não nos deixar sair do confortável terreno que bem conhecemos (o das relações intra e intersubjetivas), ela nos incita a ter coragem, como Freud a teve em *Totem e tabu* (1913/1980b), ao tirar da cartola a argumentação da filogênese e arriscar alguns passos em leituras que estudem os elos na transmissão de disposições psíquicas através de gerações. Não temos muitas opções, queremos encontrar uma maneira de facilitar a migração das associações sensoriais ao pensamento verbal, o que torna possível um processo de análise, o qual não nos custa aproximar, com cautela, ou melhor, com "fascinação e desconfiança", ao campo das teorias vinculares, que se propõe a apresentar uma via de transformação das heranças malditas.

Apesar do estranhamento que leituras sobre teorias vinculares nos causam, vemos que o assunto abarca fenômenos próximos dos que transitam numa relação transferencial, pois, como Kaës (1997) esclarece, o que se transmite de uma geração à outra são configurações de objetos psíquicos (afetos, representações, fantasmas) provindos das relações objetais vivenciadas. No entanto, a despeito da certeza de que há transmissão, os teóricos da transgeracionalidade possuem grandes dúvidas: "O que é passível de ser transmitido? Quais as vias de transmissão? Que vicissitudes pode sofrer o processo de transmissão?" (Trachtenberg et al., 2013, p. 44). Para essas questões, eles ainda não têm respostas, como nós, psicanalistas que, diante do traumatismo sexual, nos questionamos: "Como passar do sintoma à lembrança, como conseguir que o excesso de excitação se redistribua, evacue ou diminua pela descarga, e como driblar os obstáculos que se opõem à ação terapêutica" (Uchitel, 2001, p. 27).

Além do recordar, o que há a ser feito?

Nossas dificuldades no manejo técnico de casos clínicos não se resumem ao desafio de como facilitar o advir de material psíquico passível de análise. Em muitos casos, mesmo quando a violência sofrida encontra expressão verbal no processo de análise, seja porque as reminiscências ainda estão vívidas, ou porque as vivências foram recentes (na adolescência, por exemplo), há um outro ponto de difícil condução, que é o trabalho de fechamento do luto pelo objeto amado e perdido com a violência sofrida. Refiro-me aqui, especificamente, à chaga mais difícil de cicatrizar: a do incesto cometido por alguém a quem se ama muito.

Nessa seara, também poderemos encontrar pontos de elucidação nos escritos dos precursores dos estudos sobre transgeracionalidade na psicanálise: Nickolas Abraham e Maria Torok, que, desde os anos 1970, vêm pesquisando os defeitos nos processos de luto. Esses autores apontam que as perdas narcísicas que terão a incorporação como destino, são exatamente aquelas que não puderam ser confessadas como perdas. Esse luto indizível instala no interior do sujeito uma sepultura secreta, dando origem ao que os autores vão nomear como "cripta", uma urna, onde repousará, de forma viva, o correlato objetal da perda. Portanto, a cripta seria um enquistamento, um congelamento da situação que restou de um luto mal-elaborado. Vejam bem, estamos no campo do luto patológico de que nos fala Freud em *Luto e melancolia* (1917/1980c), e a definição de cripta não está distante do consenso psicanalítico de que o destino do acontecimento traumático é o encapsulamento, o que o deixa sem condições de representação no aparelho psíquico. No entanto, Abraham e Torok (1995) fazem uma ressalva fundamental: "para que se construa uma cripta é preciso que o segredo vergonhoso tenha sido o feito de um objeto desempenhando o papel de ideal do ego. Trata-se, portanto, de guardar seu segredo, de cobrir sua vergonha" (p. 250). É nesse ponto que o conceito de cripta passa a ser extremamente útil aos nossos estudos sobre o incesto: a figura paterna, que ocupa o lugar de ideal do ego, ao transgredir o seu papel e cometer o incesto, marcará a ferro e fogo um destino funesto: a vivência do desamor estará instalada no aparelho psíquico da(o) filha(o) sob a forma de uma cripta, que será para sempre velada pelo eco do silêncio das palavras não ditas e das lágrimas não derramadas. Esse trauma, enquanto objeto fantasma transgeracional, mantido em segredo, é o que poderá reaparecer como violência em outras gerações.

Temos aqui demarcado que a incorporação pode ser uma (de) negação radical, que cria um estado de *nonsense*, em que nada foi perdido. Dentro desse mundo fantasístico, clivado, separado do restante da vida psíquica, mas em algum lugar intratópico (entre o inconsciente e a consciência), encontra-se o império do "narcisismo de morte", expressão feliz criada por André Green para nomear a configuração psíquica em que predominam a pulsão de morte e a ação do negativo, impedindo que os elementos traumáticos sejam elaborados. Nesse império,

210 O TOM SURDO DOS EFEITOS DO DESAMOR

> *as palavras indizíveis, inaudíveis, não cessam sua ação*
> *subversiva, mesmo que desvitalizadas e anestesiadas*
> *na sua cripta imaginária, isso porque toda fantasísti-*
> *ca oriunda da incorporação busca reparar – no ima-*
> *ginário – uma ferida real, que afetou o objeto ideal.*
> *(Trachtenberg et al., 2013, pp. 52-53)*

Enfim, os autores que estudam a transgeracionalidade, acreditam que os pais portadores de criptas em seu psiquismo, além de não conseguirem exercer sua função de pais, revestindo a criança de narcisismo de vida, invadem sua mente com um desbordamento narcisista maligno, por onde haverá a transmissão psíquica de elementos traumáticos. A ideia é a de uma herança identificatória, algo inacabado nas gerações anteriores e que, através de um movimento de intrusão (via identificação projetiva), invadirá o espaço psíquico dos filhos, sem discriminá-lo de si próprio. Processo que Haydée Faimberg (1996) chamará de "telescopagem entre gerações". Nesses casos, o filho "torna-se depositário, cativo de um luto não elaborado, de um segredo ou de uma vergonha clivados em seu psiquismo, que o alienam de si mesmo, obrigando-o a viver uma história que, ao menos em parte, não é sua" (Trachtenberg et al., 2013, p. 66).

Como podemos ver, se deixarmos de lado o preconceito com o que nos enxergamos distantes do freudismo, podemos encontrar vários pontos de convergência entre as ideias dos autores da transgeracionalidade e algumas ideias capitais postuladas por Freud, que continuam pedindo estudos clínicos que possam enriquecê-las mais ainda. O melhor exemplo disso é o clássico conceito de identificação que, aliás, para aqueles autores, é a via régia de transmissão de vida psíquica entre sujeitos e entre gerações. Os estudos que vêm sendo desenvolvidos sobre as formas patológicas de identificação, em que a condição de desamparo e a dependência do objeto promovem a sujeição psíquica do *infans*, são de grande valia para o nosso campo de trabalho.[4] Além disso, temos que nos lembrar de todos os tabus estudados por Freud, que nos mostram como ele acreditava que as relações grupais estruturam o psiquismo individual: o temor ao totem, a adoração, o respeito, a transmissão da culpa. Entretanto, reservemos esse assunto para que seja pensado com calma em outra oportunidade, por ora basta que ele desperte a nossa escuta clínica.

Voltemos, então, ao que já sabemos serem as funções do analista no enquadre transferencial, nos casos de incesto: receber as projeções, dar contenção, transformá-las em pensamentos para serem pensados, oferecer representações e uni-las entre si. Poderíamos dizer que, até esse ponto, são as mesmas funções que temos em todas as análises. No entanto, nos atendimentos dos casos de incesto, há uma especificidade no processo de análise dos casos de traumatismo pelo incesto para a qual é preciso estar muito atento: o analista deve tentar se isentar de um julgamento crítico das ações do abusador, assim como tentar controlar suas reações contratransferenciais de repulsa ou ódio por ele. Afinal, terá de ser um acompanhante maduro, para um doloroso processo de transformação do luto patológico em luto normal. Se a sombra do objeto perdido caiu sobre o Eu, será necessário todo um trabalho de expulsão desse objeto para fora do Eu, a fim de que se possa ver o que foi perdido. Um trabalho lento, por meio de um labirinto que conduz ao Minotauro. É preciso estar frente a ele para questioná-lo.

Lembrei-me das análises de muitas pacientes, tentando encontrar uma maneira de descrever, sinteticamente, os passos gradativos

---

4 Recomendo que o leitor interessado no assunto inicie suas leituras pelo livro *Transgeracionalidade* (Trachtenberg, 2013), cujas referências remetem às fontes originais destes estudos.

212 O TOM SURDO DOS EFEITOS DO DESAMOR

de um processo de luto normal. Acredito que poderia descrevê-lo em etapas, tomando de empréstimo palavras da literatura. Primeiro, me valho das palavras de Franz Kafka em sua emocionante *Carta ao pai* (1919/1997), que, por nunca ter sido entregue, serve tão bem para metaforizar um processo de elaboração:

> *Querido pai, tu me perguntaste recentemente porque afirmo ter medo de ti. Eu não soube, como de costume, o que te responder, em parte justamente pelo medo que tenho de ti, em parte porque existem tantos detalhes na justificativa desse medo, que eu não poderia reuni-los no ato de falar de modo mais ou menos coerente. (p. 415)*

Após assumir o inexplicável medo, Kafka nos mostra como a sua própria imagem já estava destruída, diante da grandeza desse "ideal do eu" que o pai representava:

> *É que eu já estava esmagado pela simples materialidade do teu corpo. Recordo-me, por exemplo, de que muitas vezes nos despíamos juntos numa cabine. Eu, magro, fraco, franzino, tu, forte, grande, possante. Já na cabine eu me sentia miserável e na realidade não apenas diante de ti, mas diante do mundo inteiro, pois para mim tu eras a medida de todas as coisas. (p. 421)*

Questionamentos vão possibilitando que o paciente construa, aos poucos, uma outra compreensão de tudo que se passou: enxergando a assimetria do jogo de forças das fantasias, dos desejos e dos jogos de sedução, presentes em toda a trama incestuosa. Ao longo do processo de análise, a sua culpabilidade pelo incesto vai se enfraquecendo e pode ter início um processo de reparação da sua própria imagem e, também, paradoxalmente, da imagem do pai ou da mãe abusadores. É exatamente por isso que eu disse, logo acima, que o analista deverá evitar que suas reações emocionais interfiram, pois ele terá de ajudar o paciente a pinçar pedaços de objeto, o que contribui para reconstituir a representação desse pai ou dessa mãe e que foi estilhaçada pelo evento traumático. Ao final do processo analítico ainda nos perguntamos se a ferida cicatrizou. Poderíamos descrever o que se passa no psiquismo do paciente, tomando de empréstimo alguns versos do poema "Retrato de família", de Carlos Drummond de Andrade (1945/2012):

O retrato não me responde

ele me fita e se contempla

nos meus olhos empoeirados.

E no cristal se multiplicam

os parentes mortos e vivos.

Já não distingo os que se foram

dos que restaram. Percebo apenas

a estranha ideia de família

viajando através da carne. (p. 102)

Hoje, tantos anos depois do abuso sexual sofrido e depois de um processo de análise ter possibilitado a transformação de um luto patológico em um luto normal, essa menina/mulher, que condensa tantas outras, pode, dentro do seu silêncio (afinal, o silêncio

214 O TOM SURDO DOS EFEITOS DO DESAMOR

é o último reduto da dignidade), dirigir-se ao retrato que não responde, apenas fita, e fazer-lhe uma pergunta: "Pai, por que você não me deixou te amar?".

Referências

Abraham, N., & Torok, M. (1995). *A casca e o núcleo*. São Paulo: Escuta.

Drummond de Andrade, C. (2012). *A rosa do povo*. Rio de Janeiro: Companhia das Letras. (Trabalho original publicado em 1945).

Enriquez, M. (2000). *Nas encruzilhadas do ódio*. São Paulo: Imago.

Etchegoyen, R. H. (1986). Las vicisitudes de la identificación. *Libro Anual de Psicoanálisis*, *1*, 219-33.

Faimberg, H. (1996). El telescopage de las generaciones. In R. Kaës et al., *Transmisión de la vida psíquica entre generaciones* (pp. 75-96). Buenos Aires: Amorrortu.

França, C. P. (Org.). (2014). *Tramas da perversão: a violência sexual intrafamiliar*. São Paulo: Escuta.

Freud, S. (1980a). A interpretação de sonhos. In S. Freud, *Edição standard brasileira das obras psicológicas completas de Sigmund Freud* (Vol. 4, pp. 1-360). Rio de Janeiro: Imago. (Trabalho original publicado em 1900).

Freud, S. (1980b). Totem e tabu. In S. Freud, *Edição standard brasileira das obras psicológicas completas de Sigmund Freud* (Vol. 13, pp. 13-191). Rio de Janeiro: Imago. (Trabalho original publicado em 1912-1913).

Freud, S. (1980c). Luto e melancolia. In S. Freud, *Edição standard brasileira das obras psicológicas completas de Sigmund Freud*

(Vol. 14, pp. 269-294). Rio de Janeiro: Imago. (Trabalho original publicado em 1917).

Kaës, R. (1997). Dispositivos psicoanalíticos y emergencias de lo generacional. In R. Kaës et al., *Lo generacional* (pp. 11-23). Buenos Aires: Amorrortu.

Kafka, F. (1997[1919]). *Carta ao pai*. São Paulo: Companhia das Letras.

Leite, E. B. P. (2001). *A figura na clínica psicanalítica*. São Paulo: Casa do Psicólogo.

Schvartzman, A. R. (1998). Más allá de la historia. Transmisión generacional, particularidades en el psicoanálisis de ninos y adolescentes. *Revista de Psicoanálisis* (Argentina), *55*(1),131-144.

Trachtenberg, A. R. C. et al. (2013). *Transgeracionalidade: de escravo a herdeiro: um destino entre gerações*. Porto Alegre: Sulina.

Uchitel, M. (2001). *Neurose traumática*. São Paulo: Casa do Psicólogo. (Coleção Clínica Psicanalítica).

12. Traumatismo e testemunho: a vida secreta das palavras

Renata Udler Cromberg

Shoah, o filme de Claude Lanzmann realizado em 1985, é inesquecível. É o primeiro documentário sobre as atrocidades que os nazistas cometeram contra os judeus em Auschwitz em que não aparece nem uma gota de sangue, nenhuma foto de cadáver, nenhuma imagem chocante. Ouvimos apenas os testemunhos dos sobreviventes interligados pela imagem de um vagão pequeno que percorre os trilhos entre os escombros do lugar. No entanto, vemos tudo. A palavra encarnada no afeto de sofrimento inesquecível permite uma escuta das imagens que ela evoca, coloca o ouvido na posição de um olho capaz de acompanhar o curso de uma fala, de se aproximar da disposição inconsciente, criando um pensamento por imagens, um cinema singular que atinge as figurações fantasmáticas.

Um testemunho que deixou uma marca da minha memória é o de um homem que fica aproximadamente mudo e impassível diante da câmara por longos minutos. Então, ele diz ao diretor: "Se você lambesse meu coração, você só sentiria fel". Não é um coração de pedra nem cheio de feridas lambíveis, cicatrizáveis, mas um

218 TRAUMATISMO E TESTEMUNHO

coração de fel: aquilo que o ódio produz no fígado e que, se não é escoado, incapacita de sentir outros afetos, totalitarismo de um ódio impotente contra aquele sanguinário e assassino. No entanto, há o apelo de um toque pela boca de outro corpo, a abertura para acolhimento de seu coração. Saímos chocados do cinema pelo que vimos ao ouvir, coparticipantes que nos tornamos da tragédia.

A mesma sensação se produz ao sair de outro filme, *A vida secreta das palavras*,[1] que passo a narrar. Mas aqui a pergunta é mais esperançosa: quais condições permitem a retomada afetiva após se viver um traumatismo?

Inicia-se com um grande incêndio e o desespero de um homem penetrando no fogo; a câmera se afasta: uma plataforma de petróleo arde em fogo à noite no meio do mar. Uma voz de menina diz em *off*: "Há muito pouco: silêncio e palavras". Já no criativo letreiro do filme, as palavras que expressam estados afetivos aparecem como marcas fugazes de um toque na pele e se tornam os nomes dos atores e do *staff* envolvidos no filme: silêncio, palavras, dor, amigos, corte, crença, sempre, grito, ação, esperança, criança, amor, chuva, minutos, som, silêncio, tempo, sempre, esperança.

A moça loira aparece, então, realizando um serviço repetitivo numa fábrica de embalagens plásticas. Come sempre a mesma coisa: meia maçã e frango, embrulhados assepticamente em plástico. Na sua casa monástica, dezenas de sabonetes de amêndoa se empilham no banheiro. Ela lava as mãos com um deles que acabou de desembrulhar e logo o joga fora para desembrulhar outro e lavar novamente as mãos. Ela tem um aparelho de surdez que desliga na fábrica: só sabe que é chamada para uma conversa na gerência quando alguém a toca. Como é uma funcionária exemplar, que nunca tira férias, fica doente ou falta, é lhe imposto

---

1 Direção de Isabel Coixet, 2005.

que tire férias em algum lugar paradisíaco. A norma não existe sem transgressão, sem falha. É incômodo que alguém tenha uma aderência estrita à norma.

Ela vai para casa, pega uma carta na caixa do correio e a coloca em cima de uma pilha de cartas iguais que permanecem sem serem abertas. Telefona a alguém, uma mulher, com quem não fala, apenas pergunta como ela está. Desliga. Arruma automática e penosamente sua mala de viagem. No último minuto, leva suas cartas dentro da mochila. A voz em *off* da menina reaparece pra nos dizer que ela é a única companhia dessa moça, companhia interna, como os amigos secretos das crianças, uma espécie de apoio imprescindível para enfrentar a angústia, o desamparo e a solidão diante da ausência do outro crucial para a sobrevivência psíquica e afetiva, diante do desamparo causado pela invasão de dentro da própria pulsão e de suas fantasias ou das marcas de lembranças que podem ser aterrorizantes.

A repetição compulsiva transparece logo como o eixo organizador de sua vida de tônus afetivo contido. Durante a viagem, faz um bordado em ponto cruz, distração repetitiva que joga no lixo ao terminar. No hotel de alguma praia fora de temporada em um dia de tempo frio e nublado, tem um ataque de raiva e de clausura e desarruma violentamente a cama do quarto. Como esta, outros elementos cênicos vão sendo colocados nas imagens de ação do filme, que comporão indícios de lembrança, preparações da cena de horror emudecida que será relembrada depois. Um segundo indício será a imagem da fumaça na plataforma de petróleo, resto do incêndio que ela vê na praia em que tenta passear.

É visível a clausura que sente com esse tempo supostamente livre das férias. Por isso, oferece-se para trabalhar na plataforma como enfermeira de alguém que está ferido, com graves queimaduras e fraturas, sem poder enxergar por duas semanas. Fica no

220 TRAUMATISMO E TESTEMUNHO

quarto dele, que está na enfermaria. Antes mesmo de conhecê-
-lo, já sabe seu nome, Joseph Boyce, e de fragmentos de sua vida
que estão em seu quarto: uma foto de dois homens e uma mulher
no meio, um desenho de uma criança e o celular. Nele, ela ouve
uma nova mensagem, de uma mulher, que a perturba. Durante
sua estadia na plataforma, ela ouvirá esse recado ainda algumas
vezes, mas ele já está presente em sua perturbação a partir deste
momento. É um recado de amor, de alguém que já leu e releu *As
cartas portuguesas*,[2] que Joseph lhe deu, para sentir-se próxima a
ele. As cartas são o terceiro indício, o elo entre o trauma de Joseph
e o da moça loira.

A primeira fala de Joseph, que não pode enxergar, apenas sentir o toque dos cuidados de sua enfermeira, já inaugura um espaço
que convida à intimidade por meio de seu tom de ironia erotizada,
da fantasia erótica e seu sentido de ligação com aquilo que é excesso de pura quantidade energética, expresso em dor ou gozo. Ela
coloca uma comadre para ele urinar e ele pergunta se seu nome é
Cora. Diante de seu silêncio, ele, espécie de Tirésias oracular, enuncia seu projeto, que contém, de saída, vínculo, inscrição simbólica,
esperança de um reinício da vida: "Já que está segurando meu pin-
to e estou urinando na sua frente, podemos nos chamar pelos nossos nomes próprios e, quem sabe, começar uma vida nova juntos,
casar e ter filhos". Após outros momentos de construção paulatina
de uma intimidade afetiva, em que ele está entregue aos cuidados
da moça e ela também vai podendo erotizar pequenos gestos da
vida, como apreciar novamente a comida variada e cosmopolita do
cozinheiro, acontece o primeiro testemunho.

---

2 Romance epistolar publicado em 1669, escrito por Mariana Alcoforado ou Ga-
briel de Guilleragues.

Primeiro testemunho

Ela pede que ele lhe conte algo sobre si. Ele diz que vai contar um segredo: não sabe nadar. Ela ri muito e não consegue parar, o que contrasta com sua sisudez anterior, e ele diz que deve parecer meio ridículo já que trabalha no meio do mar. Ele conta do medo infantil de nadar por causa dos monstros marítimos que havia conhecido no seriado de TV *Viagens ao fundo do mar*. Numa viagem com a família, não entrava no mar, sequer ficava próximo a ele, só fazia castelos de areia. Até que um dia o pai alugou um pedalinho e o obrigou a ir com ele, furioso com a recusa inicial do menino. Em certo momento, afastado já da costa, parou de pedalar e jogou o menino no mar. Ele foi afundando cada vez mais e viu uma coisa preta, gelatinosa, com enormes olhos e tentáculos, que começou a vir em sua direção. Acordou em uma cama de hospital. Diz: "Meu pai, quando me jogou na água, também não sabia nadar".

Ela o ouve em silêncio e pede a remoção imediata dele para um hospital em terra em virtude de sua febre, que aumentou. O capitão lhe relata o acidente: um homem se matou, atirando-se nas chamas, e Joseph tentou tirá-lo. Como deixou mulher e dois filhos, para que eles recebessem o dinheiro, não se contou à empresa sobre o suicídio. Ela diz que Joseph nunca fala sobre o acidente. Quando volta ao quarto dele, ela lhe pergunta se ele gostou de *As cartas portuguesas*. Isso desencadeia seu testemunho.

Li há muitos anos. É um livro pequeno. Dei esse livro de presente para alguém. Uma mulher a quem não deveria ter dado, mas dei. Ela era mulher de outro homem que a amava e ela também o amava. Eu também a amava. Há certas coisas que não devemos fazer. Dar livros para alguém que passa muito tempo só. *Apaixonar-se pela mulher de nosso melhor amigo. Contar para ele.*

Ela faz menção de acarinhá-lo e ele se afasta, dizendo ser terrível provocar compaixão em alguém, especialmente ela. Pergunta-lhe: "Como alguém vive com as consequências do que aconteceu? Como alguém vive com os mortos?". Ela lhe responde: "Eu não sei, acho que terá de seguir em frente. Todos continuam tocando a vida de alguma forma. Ou não, alguns não conseguem. O helicóptero virá buscá-lo amanhã ou depois". Ele pergunta se ela virá com ele, se segurará sua mão, se o ajudará a enxergar de novo.

Ela pega suas cartas fechadas e liga novamente para a mulher mais velha, mas ela não está. De manhã, começa a limpar as feridas de Joseph, perguntando como ele passou a noite, e, de repente, inesperadamente, começa seu relato.

Segundo testemunho

Quando eu estudava em Dubrovnik, tinha medo de quando precisávamos limpar os pacientes. Eu não ficava à vontade por pensar que eles não estavam à vontade. Mas logo percebi que não importa como você faz isso ou quem faz isso, eles gostam de estar na suas mãos, como se confiassem seus corpos, como se dissessem, "É só um corpo. Você nunca saberá o que penso, ou quem eu sou". Tive uma amiga que estudava comigo. Nós nos dávamos muito bem. Ela era tão animada! Eu nunca fui animada. Orgulhava-me muito de sermos amigas. Líamos os mesmos livros e ficávamos acordadas até bem tarde, falando sobre eles. Os livros eram sempre mais reais que qualquer outra coisa. Moramos juntas durante a guerra. As pessoas diziam que coisas terríveis estavam acontecendo, mas ninguém acreditava nelas. As pessoas sempre exageravam. Não podia ser verdade. Guerra, de algum modo, sempre acontece em outro lugar. Então, pegamos um carro emprestado, ela dirigindo, e fomos embora.

Nada aconteceu durante a viagem: vimos incêndios ao longe [sua imagem enigmática na praia vendo o incêndio da plataforma ao longe se conecta aqui], cães mortos, nada... Muitos cães mortos. Ouvimos uma fita de música disco italiana. E rimos. Rimos muito nessa viagem. Lembra-se de uma música chamada La dolce vita? *[Ele ri, ela sorri e cantarola a música.] Estamos vivendo a* dolce vita, *desta vez é pra valer. Estamos vivendo como a* dolce vita, *vamos sonhar...*

Eles nos pararam a dois quilômetros da cidade e nos levaram para um hotel [a cena que descreverá explica seu acesso de raiva e clausura no hotel da praia]. Achamos que eles só queriam roubar o carro. Ficamos pensando como explicaríamos aquilo para o dono. É ridículo, não é? Sua vida toda está prestes a mudar e você se preocupa com um velho Fiat turbo. Os soldados eram novos [faz uma cara de choro comovido]. Eram soldados que falavam como eu, a minha língua. Alguns deles só tinham 18 anos [espantada e chorosa]. Lembro-me do dia que as tropas da ONU [Organização das Nações Unidas] chegaram e achamos que eles iam nos tirar de lá. Não. Vozes como a sua, Joseph. Falando como você [choro contido de revolta]. Lembro que um deles se desculpava o tempo todo. Ele se desculpava enquanto ria. Imagine que eles nos estupravam várias vezes... E sussurravam nos nossos ouvidos para que só nós ouvíssemos, "Desculpe, sinto muito". Éramos quinze mulheres, às vezes mais, mas sabíamos que, quando a comida acabasse, eles matariam algumas de nós [a cara dele aparece pela primeira vez atônita, comovida]. Fizeram uma mulher matar a filha. Colocaram uma arma na mão dela, colocaram o dedo dela no gatilho... E colocaram o cano da arma na vagina dela. Eles a fizeram apertar o gatilho dizendo algo como, "Agora você não vai mais ser avó", algo assim [ela chora, ele fecha os olhos]. A mulher morreu logo depois de sofrimento. Um dia amanheceu e ela tinha morrido de sofrimento.

Sabe o que eles fizeram com as que ousaram gritar? Eles disseram, "Agora vamos dar motivos para vocês gritarem". E fizeram centenas de cortes nos corpos delas com uma faca... Esfregaram sal nas feridas e costuraram os cortes grandes com agulhas. Foi o que fizeram com a minha amiga. E eu não pude... Não me deixaram limpar as feridas dela. Então, ela sangrou lentamente até morrer. Foi tão, tão lento. O sangue escorria dos braços e das pernas dela. Eu rezava para que ela morresse logo. Eu contava os gritos. Os gemidos. Eu media a dor. E pensei: "Ela não pode sofrer mais. Agora ela vai morrer. Agora, por favor, no próximo minuto. Por favor".

Ele coloca a mão no rosto dela, atônito, comovido; ele chora, ela também. A contagem dos gritos se conecta com uma fala irônica dela ao oceanógrafo da plataforma, que conta quantas ondas do mar batem na plataforma por dia, na qual ela pergunta qual era a utilidade daquilo.

Lentamente, ela abre sua blusa enquanto ele acaricia seu rosto ternamente. Ela põe a mão dele em cada uma das cicatrizes de seu colo, dos seus seios, ele chora de dentro da sua cegueira. O toque que testemunha erogeniza as marcas dando-lhes um pertencimento ao corpo, à pele. Inscrições inapagáveis do ódio do outro podem ser acolhidas pelo toque amoroso das mãos de um homem e integrar-se ao próprio corpo de mulher. Eles se abraçam, ele encosta a cabeça dela em sua pele queimada e chora enquanto ela pega sua mão. Eles se beijam chorando. "Como era o nome de sua amiga?", pergunta ele. "Hannah", diz ela. É o mesmo nome que ouvimos o microfone da fábrica chamar no início do filme e que está escrito nos envelopes das cartas não abertas.

Apesar de acompanhá-lo no helicóptero até a terra firme, ela o deixa e retoma sua vida repetitiva na fábrica, embora nitidamente habitando seu corpo com mais vida e comendo *crème brulée* com sua meia maçã. Joseph, quando sai do hospital enxergando, recebe a mochila dela que ficou por engano com ele. Encontra os sabonetes e as cartas não abertas. Depois de encontrar-se com a mulher de seu amigo e de receber de volta os livros que emprestou a ela, aparecendo em destaque *As cartas portuguesas*, ele resolve, ao som de Tom Waits cantando: "Então no oceano você se tornou minha mulher", ir atrás do endereço na Dinamarca da Dra. Inge Genefke, fundadora do International Reabilitation Council for Torture Victims. Aliás, é para essa pessoa real que o filme é dedicado.

Terceiro testemunho

Ela conta que foi orientadora de Hannah por dois anos e que, de vez em quando, recebe um telefonema mudo dela, que atesta que ela está viva. Ele diz que quer passar o resto da vida com Hannah. Ela reage com ironia: "Que romântico, o resto da sua vida com a refugiada de uma guerra que todos esqueceram? Com uma mulher que você nunca viu? Com uma mulher que você só sabe que sofreu coisas que nem você nem eu suportaríamos? Já pensou que talvez o que Hannah mais precise é ficar sozinha?". Joseph diz que sim, mas que sabe que ela precisa dele e ele, dela. A orientadora dá a ele uma fita cassete que contém tudo o que ele precisa saber sobre Hannah, mas lhe pergunta se ele teria o direito de ouvi-la sem o consentimento dela.

Sabe quantas Hannahs existem aqui neste arquivo? Quanto sangue, quanta morte? Sabe quanto ódio estas fitas contém? Sabe por que as gravei? Antes do Holocausto, Adolph Hitler reuniu seus colaboradores e, para convencê-los de que se safariam com o seu plano, ele perguntou: "Quem se lembra do extermínio dos armênios?". Foi o que ele disse. Trinta anos depois, ninguém se lembrava dos milhões de armênios exterminados da maneira mais cruel possível. Dez anos depois, quem se lembra do que aconteceu nos Bálcãs? Dos sobreviventes. Daqueles que conseguiram por um acaso viver para contar, se conseguirem. Que se envergonham por ter sobrevivido. Como Hannah. Essa é a ironia. Se é que podemos chamar assim: a vergonha que eles tem de ter conseguido sobreviver. E essa vergonha, que é maior que a dor, que é maior que qualquer outra coisa, pode durar para sempre.

Ele devolve a fita e ela lhe dá uma fotografia de Hannah.

Ao encontrá-la na saída da fábrica, mesmo contra sua vontade, diz: "Achei que você e eu talvez pudéssemos ir embora para algum lugar juntos. Um dia desses, hoje, agora, venha comigo, Hannah". Ela se comove, mas diz que não vai ser possível. Ao responder a ele por que não, diz:

> *Porque receio que, se formos embora para algum lugar juntos, um dia, talvez não hoje, talvez não amanhã, mas um dia, de repente, vou começar a chorar tanto que nada nem ninguém vai me fazer parar. As lágrimas vão encher o quarto, não vou conseguir respirar... Vou levar você para o fundo comigo e nós dois vamos nos afogar.*

Ela se vira para ir embora, e ele diz: "Eu vou aprender a nadar, Hannah". Ela para e se volta, ele continua: "Eu juro. Eu vou aprender a nadar". Num cenário de ruínas e lixo, com um barco velho, eles se beijam lenta e longamente.

O oceano, os mares, as lágrimas se condensam num copo d'água que Hannah pega numa bela cozinha azul, ao som de duas crianças vestidas de vermelho brincando fora da casa. A menina do início fala em *off*:

> *Fui embora há muito tempo. Só apareço às vezes, nessas manhãs de domingo, quando ele está comprando jornal e pães e ela ouve os filhos gritando na casa do*

vizinho onde foram brincar. Sim, agora ela tem dois filhos. Meus irmãos. Nessas manhãs frias e ensolaradas, quando ela tem a casa só para ela, sente-se estranha, frágil e vazia e, por um momento, não sabe se tudo foi um sonho. Então, eu volto e ela me embala e afaga o meu cabelo, e nada, absolutamente nada que aconteceu poderá nos separar. Mas eu ouço as crianças voltando. Eu vou embora. Estou longe agora. Talvez eu nunca mais volte.

É na ambiguidade entre uma gravidez fruto do estupro e a menina sofrida que carrega em si a marca do estupro que o filme termina.

Véronique Nahoum-Grappe (2007, citada em *A condição da mulher*, s. d.) coloca:

A violação é, por excelência, o crime de profanação contra o corpo feminino e, através dele, contra toda a promessa de vida da comunidade no seu todo. Pode, então, ser definido em termos antropológicos como uma tentativa de invadir o espaço histórico do outro, enxertando na sua árvore filial a criança do inimigo "étnico", uma tentativa de intervir contra o elo de ligação, de quebrar a continuidade, seccionando-a por meio da violência através do ventre das mulheres: desta forma, é a sexualidade dos homens da família que é destruída e privada do seu efeito de produção de futuro. A violação dirige-se claramente à comunidade inteira e a todos os homens da família em que o violador se introduz num só e único ato, assumindo o lugar do pai, do marido, como do filho. A violação é, em termos simbólicos, o método mais pertinente de "purificação étnica", essa "limpeza" que tem apenas sentido metafórico enquanto palavra. Esse sonho de "pureza", de "limpeza", aplicado a um espaço social etnicamente definido, isto é, transmitido pelo sangue, logo pela sexualidade, é só por si uma incitação aos piores crimes, aos mais "sujos", como as violações que "limpam" o próprio gene. Dirigindo-se ao laço de filiação e à reprodução sexual do inimigo, estes crimes visam – mais que um extermínio total e quantitativo do inimigo – à eliminação qualitativa de uma identidade coletiva. A mesma identidade que se transmite de geração em geração em tempo de paz através dos laços filiais e da reprodução sexual humana.

Os crimes de profanação, os crimes mais "bárbaros", foram possíveis em Ruanda, como na Iugoslávia, graças à desigualdade extrema entre as partes presentes, milícias armadas contra civis desarmados. Ninguém escapa à ameaça das guerras sujas da limpeza étnica, muito menos as mulheres, o alvo principal.

Na Bósnia Central, no Vale da Morte, no campo de concentração de Omarska, as mulheres foram vítimas de um crime oculto de guerra entre 1992 e 1995: a violação maciça. Muitas engravidaram e sofreram com o ódio que sentiam de seu filho. Estima-se que entre 20 mil e 50 mil Hannahs tenham sido violadas e torturadas só no ano de 1992. Muitos homens também foram violados, mas achar seu testemunho é mais difícil, provavelmente pela ferida de gênero. É difícil compreender as causas, no mundo contemporâneo, do

230 TRAUMATISMO E TESTEMUNHO

uso criminoso da sexualidade com fins de destruição moral e política do inimigo coletivo, neste conflito como em muitos outros.

O emprego do termo "tortura" é adequado: os testemunhos revelam que o infligir de dor física e moral se desenrolava de modo contínuo, assumindo a forma de agressões e humilhações sexuais de todos os tipos ou de torturas físicas que acabavam por provocar a morte. Numerosos testemunhos dos próprios perpetradores ajudam-nos a compreender o sentido destes crimes muitas vezes cometidos contra os laços filiais do inimigo, encarado como inimigo comunitário. A violação praticada em público, diante dos membros da família, as mães e as crianças, os filhos e os irmãos, os pais, vítimas ou forçados a serem também eles carrascos dos seus familiares próximos, o modo como eram forçados a praticar o incesto à força, o recurso sistemático a todas as formas de humilhação, as gravidezes forçadas, os crimes contra as crianças, a pilhagem dos cemitérios são atos que combinam com o apagar dos nomes das ruas, com a destruição dos lugares de culto e de cultura. Ou ainda com a destruição dos locais emblemáticos de uma comunidade, como uma ponte admirável, patrimônio da humanidade (em Mostar), uma biblioteca de uma riqueza histórica única (em Sarajevo) ou uma mesquita setentrional raríssima do ponto de vista histórico (em Banja Luca). (Nahoum-Grappe, 2007, citada em A condição da mulher, s. d.)

A guerra evidencia essa estratégia de transformação do lugar em espaço. Como diz Paulo Endo (2005), o lugar é aquilo que contextualiza a presença física do corpo inscrito circulando de forma própria e singular. Os corpos se tornam obstáculo, empecilho e entulho, simultaneamente, ao desejo de transformar o lugar em espaço. A destruição do lugar é concomitante à destruição do corpo. Aquilo que ele conceitualizou sobre a cidade vale aqui para o território partilhado e conquistado numa guerra por ações de uma violência extorsiva, que cortam as cidades e os cidadãos tornando o corpo objeto de degradação pública e subjetiva, não mais autônomo, não mais pertencente a um lugar, corpo e lugar alvos de pilhagens e expropriações.

Endo (2005) coloca também, ao trabalhar as relações entre corpo, lugar e linguagem, que vários autores perceberam na elisão da linguagem pela violência um dos aspectos essenciais do fenômeno e dos processos violentos. Eles perceberam esse efeito imediato da violência no emudecimento, na emergência de modos de expressão muito mais primitivos e pré-linguageiros, uma impossibilidade do psiquismo de representar uma força que o atinge de forma excessiva e inesperada, no caráter prévio da violência que, como por princípio, executa e destrói todas as tradições sociais, legais e políticas do país para fundar outra, inteiramente nova e alheia às que se pretende radicalmente destruir. Há uma oposição entre violência e linguagem.

Endo aponta que, para aquele a quem a violência aturdiu, a linguagem se constitui como tarefa e que os campos de batalha trazem uma pobreza, uma mudez de experiência comunicável. A mudez de Hannah fala desse atravessamento e ultrapassamento do corpo como obstáculo desimportante, privado de linguagem e inerme, coisa que ela expressa em sua fala sobre a esperança do doente que tem seu corpo manipulado, de que seja só um corpo,

232 TRAUMATISMO E TESTEMUNHO

que ali não esteja ao alcance a pessoa. Paradoxalmente, há um traço de reconhecimento de humanidade no corpo violado pelo soldado que segreda uma palavra de desculpas enquanto realiza o que lhe impõe o dever de batalha. Mas é uma palavra que não pode ser compartilhada, portanto, não anula a violência, embora possa ficar como resto de lembrança que, na narrativa, serve de representação, gancho ou apoio de um sentido possível de ser dado ao ato violento (soldados de 18 anos forçados a estuprar), no interior de uma narrativa compartilhada que possa produzir certa integração para que os fantasmas do horror traumático possam se tornar apenas um murmúrio de fundo, no processo de resiliência.

Resiliência é um processo que permite retomar algum tipo de desenvolvimento apesar de um traumatismo e em circunstâncias adversas. Há uma reparação de uma ruptura. O traumatismo inscrito na memória passa a fazer parte da história do sujeito como um fantasma que o acompanha. A pessoa ferida na alma poderá retomar um desenvolvimento, a partir de então desviado pela violação traumática que rompe a bolha protetora de uma pessoa (bolha de gás, suicídio, ferimento de Joseph). Hannah só começa a reconstituir um território mínimo, um lugar possível, onde habitam os que gostam da solidão, na plataforma de petróleo, cinquenta mil toneladas de aço cravadas ao sabor de 28 mil ondas por dia no meio do mar. A rotina repetitiva da fábrica é apenas uma maneira de sobreviver, não viver. Na plataforma, a linguagem é retomada.

Diz Endo (2005) que violentar o corpo só atinge pleno êxito quando se alcança a dessubjetivação do sujeito, privando-o dos lugares onde se constitui. A plataforma constituiu uma experiência para Hannah de ressingularização, de ocupação e circulação própria, como nos fala Endo (2005), pelos cuidados dispensados ao corpo e à alma do doente. Apropriando-se das cartas de uma mensagem de amor de outra mulher, Hannah pôde se reapropriar das suas cartas, reendereçando a mensagem que permitiu o testemunho de seu homem cuidado que se tornou, por meio de sua narrativa, seu cuidador ao testemunhar a própria narrativa dela. Confiança recíproca pela construção de um apego seguro.

A linguagem como partilha, nos diz Paulo Endo (2005), destruída assim que o corpo é violentamente tocado, suscita a reinvenção da linguagem como lugar possível ao corpo próprio, singular e cidadão. Ela é o que permite superar "a dor física como o não lugar da linguagem" (Endo, 2005, p. 95). Nascedouro e princípio que impõem mediação entre o corpo e a dor, buscando o ultrapassamento do grito como horizonte final de expressão e negação da linguagem (a expressão dos soldados ao cortarem as mulheres, "agora vocês terão razão de gritar"). Diz Paulo Endo (2005):

> *Trata-se de um momento de gênese, no qual os princípios que sustentam a fala (referência a algo exterior, necessidade de compreender, compreender-se, comunicar e criar) foram colocados fora de jogo. O corpo reduzido à sua condição mais ordinária, lançado ao desespero do ter que sobreviver, apesar da dor e muitas vezes sob seu jugo, tem nos gritos e gemidos um contínuo do corpo que sobrevive quase sem suportá-lo. (p. 95)*

Como nos mostra Endo, podemos pensar que o encontro entre Joseph e Hannah, na plataforma e depois em terra, construiu paulatinamente um lugar onde a linguagem pode nascer como forma de curar a dor, resguardada, confinada ao segredo, ultrapassando-a. Ao registrar o depoimento das violadas da guerra da Bósnia, o abuso sexual em massa pode ser publicamente, pela circulação institucional e política, algo condenável, inaceitável, a ser combatido, falado, debatido. "Cessa o pacto com a violação e a vergonha de ter sido vítima" (Endo, 2005, p. 96).

A vida secreta das palavras, nome do filme, é a busca incessante através dos fluxos invisíveis do sangue que corre nas veias, na pulsação dos afetos, dos caminhos de Eros, rio que torna possível entre o silêncio e as palavras, a busca de uma fala que possa anular momentaneamente a dor e a morte e recuperar o sentido de ser e existir. Fala que é sempre em presença de uma escuta que se faz coparticipante da criação de uma narrativa que seja nascente de vida compartilhada no entre-dois, superação possível do traumatismo.

Referências

Endo, P. C. (2005). *A violência no coração da cidade: um estudo psicanalítico*. São Paulo: Escuta.

A condição da mulher (s. d.). *As violações: uma arma de guerra*. Recuperado de https://condicaodamulher.wordpress.com/tag/mulher/

Anexo: Produção acadêmica do Projeto CAVAS/UFMG[1]

Ano	Tipo de produção	Título	Autor
2005	Projeto de extensão	Início das atividades de extensão do Projeto CAVAS/UFMG na Clínica/Escola do Departamento de Psicologia da UFMG	Cassandra Pereira França (coord.)
2008	Evento	I Simpósio de Pesquisas do Projeto CAVAS/UFMG – "A rede de proteção a crianças e adolescentes vítimas de abuso sexual: desafios e perspectivas"	Equipe do Projeto CAVAS
2009	Curso	Curso de aperfeiçoamento em assessoria técnica para o enfrentamento à violência sexual infantojuvenil	Cassandra Pereira França (coord.) e equipe docente da UFMG

(continua)

---

1 O CAVAS (Crianças e Adolescentes Vítimas de Abuso Sexual) é um projeto de extensão e pesquisa sobre este tema do Departamento de Psicologia da Universidade Federal de Minas Gerais.

236 PRODUÇÃO ACADÊMICA DO PROJETO CAVAS/UFMG

(continuação)

Ano	Tipo de produção	Título	Autor
2009	Evento	I Seminário Clínico do Projeto CAVAS/UFMG	Equipe do Projeto CAVAS
2010	Evento	II Simpósio de Pesquisas do Projeto CAVAS/UFMG – "As engrenagens da violência sexual infantojuvenil"	Equipe do Projeto CAVAS
2010	Livro	*Perversão: as engrenagens da violência sexual infantojuvenil*	Cassandra Pereira França (org.), Editora Imago
2010	Evento	II Seminário Clínico do Projeto CAVAS/UFMG – Ecos do silêncio	Equipe do Projeto CAVAS
2011	Evento	III Simpósio de Pesquisas do Projeto CAVAS/UFMG – "O papel social das universidades no enfrentamento à violência sexual infantojuvenil"	Equipe do Projeto CAVAS
2011	Dissertação de mestrado	*Identificação com o agressor: interfaces conceituais e implicações para o estudo da violência sexual infantil*	Anna Paula Njaime Mendes
2011	Evento	III Seminário Clínico do Projeto CAVAS/UFMG	Equipe do Projeto CAVAS
2011	Evento	IV Seminário Clínico do Projeto CAVAS/UFMG – "O encaminhamento perverso na infância"	Equipe do Projeto CAVAS
2011	Evento	V Seminário Clínico do Projeto CAVAS/UFMG	Equipe do Projeto CAVAS

(continua)

PRODUÇÃO ACADÊMICA DO PROJETO CAVAS/UFMG 237

(continuação)

Ano	Tipo de produção	Título	Autor
2011	Curso	Curso de atualização sobre práticas psicoterapêuticas não revitimizantes	Equipe do Projeto CAVAS
2011	Curso	Curso de atualização sobre problemas de aprendizagem e suas conexões com a questão do abuso sexual	Cassandra Pereira França e Daniele Pereira Matos Rabelo
2012	Dissertação de mestrado	*Contribuições do conceito de trauma psíquico para o tratamento psicanalítico de crianças e adolescentes vítimas de violência sexual*	Diego Henrique Rodrigues
2012	Evento	VI Seminário Clínico do Projeto CAVAS/UFMG – "Modelos do trauma em Freud e suas situações na prática clínica"	Equipe do Projeto CAVAS
2012	Dissertação de mestrado	*A teoria psicanalítica diante das novas cobranças de subversão na esfera da sexualidade*	Cristiana de Amorim Mazzini
2012	Evento	VII Seminário Clínico do Projeto CAVAS/UFMG – "Marcas na alma, marcas no corpo"	Equipe do Projeto CAVAS
2012	Dissertação de mestrado	*Repetição e angústia nas origens da perversão*	Larissa Bacelete
2013	Evento	I Encontro Latino-americano do Projeto CAVAS/UFMG e IV Simpósio de Pesquisas do Projeto CAVAS/UFMG – "Tramas da perversão: a violência sexual intrafamiliar"	Equipe do Projeto CAVAS

(continua)

238 PRODUÇÃO ACADÊMICA DO PROJETO CAVAS/UFMG

(continuação)

Ano	Tipo de produção	Título	Autor
2013	Evento	VIII Seminário Clínico do Projeto CAVAS/UFMG – "A barriga vazia"	Equipe do Projeto CAVAS
2013	Curso	Capacitação no atendimento a crianças e adolescentes vítimas de violência	Cassandra Pereira França, Danielle Pereira Matos Rabelo e Cynthia da Conceição Tannure
2013	Curso	Curso de atualização sobre contratransferência no atendimento à violência sexual infantojuvenil	Cassandra Pereira França e Danielle Pereira Matos Rabelo
2014	Livro	*Tramas da perversão: a violência sexual intrafamiliar*	Cassandra Pereira França (org.), Editora Escuta
2014	Evento	IX Seminário Clínico do Projeto CAVAS/UFMG – "Destinos da compulsão à repetição na clínica do abuso sexual infantojuvenil"	Equipe do Projeto CAVAS
2014	Evento	X Seminário Clínico do Projeto CAVAS/UFMG – "Paradoxos da clivagem"	Equipe do Projeto CAVAS
2015	Evento	II Encontro Latino-americano e V Simpósio de Pesquisas do Projeto CAVAS/UFMG – "Violência sexual infantojuvenil: o compromisso social da Universidade"	Equipe do Projeto CAVAS

(continua)

PRODUÇÃO ACADÊMICA DO PROJETO CAVAS/UFMG 239

(continuação)

ANO	TIPO DE PRODUÇÃO	TÍTULO	AUTOR
2016	Dissertação de mestrado	*Quando o espelho se quebra: a sede de vingança nos meandros da paixão*	Nayana Finholdt Shimaru Almeida
2016	Dissertação de mestrado	*Pai abusador, filho agredido, irmãos marcados: os efeitos da violência sexual na trama fraterna*	Isabella Ferraz Lacerda de Mello
2017	Dissertação de mestrado	*Meninos traídos: abuso sexual e constituição da masculinidade*	André Assis Breder de Oliveira
2017	Evento	III Encontro Latino-americano e VI Simpósio de Pesquisas do Projeto CAVAS/UFMG – "Ecos do silêncio: as reverberações do traumatismo sexual"	Equipe do Projeto CAVAS
2017	Evento	XI Seminário Clínico do Projeto CAVAS/UFMG – "Da infância para a puberdade: tempos e modos de representação do traumático"	Equipe do Projeto CAVAS
2017	Livro	*Ecos do silêncio: reverberações do traumatismo sexual*	Cassandra Pereira França (org.), Editora Blucher
2018	Dissertação de mestrado	*De volta ao abrigo: a devolução de crianças adotadas*	Rafaela Pazotto Verticchio
2018	Tese de doutorado	*Relações fraternas incestuosas na infância: uma problemática narcísica*	Cynthia da Conceição Tannure

(continua)

240 PRODUÇÃO ACADÊMICA DO PROJETO CAVAS/UFMG

(continuação)

ANO	TIPO DE PRODUÇÃO	TÍTULO	AUTOR
2018	Tese de doutorado	*Ressonâncias dos cuidados maternos primários na clínica com crianças vítimas de violência sexual*	Danielle Pereira Matos Rabelo
2019	Tese de doutorado	*A imagem do trauma: a figurabilidade na clínica psicanalítica com vítimas de abuso sexual*	Izabela Dias Velludo Roman

Sobre os autores

ADRIANA NOEMÍ FRANCO é psicóloga graduada pela Universidade de Buenos Aires (UBA) e psicanalista infantil. É coordenadora docente e acadêmica da Carrera de Especialización en Prevención y Assistencia Psicológica en Infancia y Niñez (Pós-graduação da Faculdade de Psicologia da UBA) e professora-adjunta a cargo da disciplina Clínica de Crianças e Adolescentes na Faculdade de Psicologia da UBA. É supervisora de equipes de saúde mental de crianças e adolescentes em hospitais, centros de saúde e na Secretaria de Educação Especial do Governo da Cidade de Buenos Aires. É coordenadora de pesquisas clínicas do programa UBA-CyT, da Secretaria de Ciência e Tecnologia da UBA.

E-mail: adrifranco_2004@yahoo.com.ar

ANNA PAULA NJAIME MENDES é psicóloga clínica, graduada em Psicologia pela Universidade Federal de Minas Gerais (UFMG) e mestre em Estudos Psicanalíticos pelo Programa de Pós-graduação em Psicologia da UFMG. Foi técnica do Projeto CAVAS/UFMG no período de 2005 a 2010.

E-mail: annanjm@gmail.com

242 SOBRE OS AUTORES

CASSANDRA PEREIRA FRANÇA é doutora em Psicologia Clínica pela Pontifícia Universidade Católica de São Paulo (PUC-SP), onde também realizou o pós-doutoramento. É professora da graduação e do Programa de Pós-Graduação em Psicologia da Universidade Federal de Minas Gerais (UFMG), instituição onde coordena o Curso de Especialização em Teoria Psicanalítica e o Projeto CAVAS/UFMG. É autora de vários livros e organizadora de duas coletâneas de textos que abordam a temática da violência sexual: *Perversão: as engrenagens da violência sexual infantojuvenil* (Imago, 2010) e *Tramas da perversão: a violência sexual intrafamiliar* (Escuta, 2014).

E-mail: cassandrapfranca@gmail.com

DANIELLE PEREIRA MATOS é psicóloga, mestre e doutoranda em Estudos Psicanalíticos pelo Programa de Pós-graducão em Psicologia da Universidade Federal de Minas Gerais (UFMG). Professora do curso de Psicologia da Faculdade FEAD (MG). É técnica da equipe do Projeto CAVAS/UFMG desde 2011.

E-mail: danipmatos@gmail.com

EUGÊNIO CANESIN DAL MOLIN é psicanalista, doutorando com bolsa do Conselho Nacional de Desenvolvimento Científico e Tecnológico (CNPq) e mestre pelo Instituto de Psicologia da Universidade de São Paulo (USP), com bolsa da Fundação de Amparo à Pesquisa do Estado de São Paulo (Fapesp). Obteve formação no Departamento de Psicanálise do Instituto Sedes Sapientae (SP). É autor do livro *O terceiro tempo do trauma: Freud, Ferenczi e o desenho de um conceito* (Perspectiva/Fapesp, 2016).

E-mail: eecdm@yahoo.com.br

SOBRE OS AUTORES   243

FEDERICO EIBERMAN é psicólogo formado pela Universidade de Buenos Aires (UBA) e docente da disciplina Clínica de Crianças e Adolescentes na Faculdade de Psicologia da UBA. Trabalha no Hospital de Niños Ricardo Gutierrez, em Buenos Aires. É membro da equipe de pesquisadores do Programa UBACyT, da Secretaria de Ciência e Tecnologia da UBA, sobre adolescência e abuso sexual na infância.

E-mail: federico.eiberman@gmail.com

FLÁVIO CARVALHO FERRAZ é livre-docente pelo Instituto de Psicologia da Universidade de São Paulo (USP) e membro do Departamento de Psicanálise do Instituto Sedes Sapientae (SP). É coordenador da coleção *Clínica Psicanalítica* (Casa do Psicólogo, Pearson) e da *Coleção Psicanálise Contemporânea* (Blucher). É psicanalista e autor dos livros *Perversão* (Casa do Psicólogo, 2000) e *Tempo e ato na perversão* (Casa do Psicólogo, 2005), entre outros.

E-mail: ferrazfc@uol.com.br

GABRIELA VELOCINI NOVAIS é graduanda em Psicologia pela Universidade Federal de Minas Gerais (UFMG).

E-mail: gabivelocini@gmail.com

GRACIELA WOLOSKI é psicóloga formada pela Universidade de Buenos Aires (UBA) e especialista em Psicologia Clínica. É membro da Sociedade Argentina de Psicanálise (SAP), da Federação Psicanalítica da América Latina (Fepal) e da Associação Psicanalítica Internacional (IPA). É docente da disciplina Psicologia Evolutiva (Infância) na UBA e supervisora do Serviço de Psicopatologia Infantojuvenil do Hospital Durand, em Buenos Aires.

E-mail: graciela.woloski@gmail.com

244 SOBRE OS AUTORES

HEITOR AMÂNCIO DE MORAES CASTRO é graduado em Psicologia pela Universidade Federal de Minas Gerais (UFMG). Fez parte da equipe técnica do Projeto CAVAS/UFMG nos anos de 2013 e 2014.

E-mail: amancioheitor@gmail.com

IVANA RASCHKOVAN é psicóloga graduada pela Universidade Nacional de Rosário e psicanalista de crianças e adolescentes. É membro da Associação Argentina de Assistência Integral para a Família, o Adulto e o Menor e docente da disciplina Crianças e Adolescentes da Faculdade de Psicologia da Universidade de Buenos Aires (UBA).

E-mail: ivanaraschkowan@hotmail.com

JOHANNA MENDOZA TALLEDO é psicóloga clínica e mestre em Estudos Teóricos em Psicanálise pela Pontifícia Universidade Católica do Peru (PUCP). É analista em formação na Sociedade Peruana de Psicanálise (SPP) e professora da disciplina Psicanálise e Estudos de Gênero na PUCP. É co-organizadora do livro *La maternidad y sus vicissitudes hoy* (Zelaya, 2006).

E-mail: jmendoza@pucp.pe

LAURA DANIELE POVERENE é psicóloga graduada pela Universidade de Buenos Aires (UBA), mestre em Problemáticas Sociais Infantojuvenis pela Faculdade de Direito da UBA e doutoranda em Saúde Mental Comunitária pela Universidade Nacional de Lanús. É membro da equipe de pesquisas do Programa UBACyT, da Secretaria de Ciência e Tecnologia da UBA, sobre abuso sexual infantil e adolescente. É psicóloga clínica de orientação psicanalítica, atuando em âmbito hospitalar e clínica particular. Recebeu as bolsas de pesquisa UBACyT (2012-2015), para conclusão do mestrado, e CONICET (2016-2020), para conclusão do doutorado.

E-mail: laurapoverene@gmail.com

MARIA AGUSTINA GERMADE CALCAGNI é psicóloga graduada pela Universidade de Buenos Aires (UBA), psicanalista e especialista em Psicanálise com Crianças pela Universidad UCES, em Buenos Aires. Cursou o Programa de Atualização em Saúde Integral do Adolescente na Faculdade de Medicina da UBA, na unidade de Psicopatologia do Hospital de Niños Ricardo Gutiérrez. Trabalha com orientação, acompanhamento e proteção a vítimas no Ministério Público Fiscal de Buenos Aires. É membro da equipe de pesquisadores do Programa UBACyT, da Secretaria de Ciência e Tecnologia da UBA, sobre abuso sexual infantil e adolescente.

E-mail: agustinagermade@yahoo.com.ar

MARIANE DE PAULA RAMOS é graduanda em Psicologia pela Universidade Federal de Minas Gerais (UFMG).

E-mail: mariane.paula12@gmail.com

MARIA VICTORIA PUCCI é psicóloga graduada pela Faculdade de Psicologia da Universidade del Salvador, em Buenos Aires. É coordenadora da área de psicologia do Departamento de Infância, Adolescência e Família do partido Tres de Febrero e ajudante na disciplina Psicopatologia Infantojuvenil na Universidade de Buenos Aires (UBA).

E-mail: puccivi@yahoo.com.ar

NANCY MERY PEÑALOZA é psicóloga graduada pela Universidade de Buenos Aires (UBA) e docente da disciplina Clínica de Crianças e Adolescentes na Faculdade de Psicologia da UBA.

E-mail: nancy.penaloz@gmail.com

NÍVEA DE FÁTIMA GOMES é psicóloga clínica, graduada em Psicologia pela Universidade Federal de Minas Gerais (UFMG) e mestre em Estudos Psicanalíticos pelo Programa de Pós-graduação em Psicologia da UFMG. É docente do curso de Psicologia da Faculdade Pitágoras.

E-mail: niveafatimapsi@yahoo.com.br

RAFAELA PAZOTTO VERTICCHIO é graduada em Psicologia e especialista em Teoria Psicanalítica pela Universidade Federal de Minas Gerais (UFMG) e mestranda do Programa de Pós-graduação em Psicologia da UFMG. É técnica da equipe do Projeto CAVAS/UFMG desde 2011.

E-mail: rafaelapazotto@hotmail.com

RENATA UDLER CROMBERG é psicanalista e membro do Departamento de Psicanálise do Instituto Sedes Sapientiae. É doutora e pós-doutora pelo Instituto de Psicologia da Universidade de São Paulo (USP) e graduada em Filosofia pela USP. É professora convidada dos cursos de especialização em Psicopatologia e Saúde Pública, da Faculdade de Medicina da Santa Casa, e em Teoria Psicanalítica, da Pontifícia Universidade Católica de São Paulo (PUC-SP). Escritora dos livros *Paranoia* e *Cena incestuosa*, da coleção Clínica Psicanalítica da Casa do Psicólogo, e organizadora das obras completas de Sabina Spielrein, da editora Livros da Matriz.

E-mail: renatauc@uol.com.br

SUSANA TOPOROSI é psicóloga graduada pela Universidade de Buenos Aires (UBA) e psicanalista de crianças e adolescentes. É coordenadora de Saúde Mental da Adolescência do Hospital de Niños Ricardo Gutiérrez, em Buenos Aires, e membro do conselho de redação da *Revista Topía de Psicoanálisis, Sociedad y Cultura*. É membro da equipe de pesquisadores do Programa UBACyT, da Secretaria de Ciência e Tecnologia da UBA, sobre abuso sexual infantil e adolescente e autora de vários artigos e capítulos de livro sobre a temática do abuso sexual.

E-mail: susana.toporosi@topia.com.ar